パラダイムシフトの群像 People in a Paradigm shift

Case 004 浅羽信宏 Style The Five Elements

「感じる」テクノロジー

人とともに生きることを誓った古風なニュータイプとの対話

中野 順哉

関西学院大学出版会

目次

序

はじまりは……

「うちの母のことを本にしてほしいんです」


この本とはまったく関係のない依頼。

すべてはそこから始まった。


いくつも文章を書いてきた。

それこそ数百の物語を。

だから、こんな依頼は日常的なことであった。

しかしこのとき、私は少し戸惑っていた。


女性の半生を描くというのは初めてのことであった。

しかも母親について書くということは、とてもデリケートで、繊細で……ひとつ間違えると、大いに依頼者の心を傷つけてしまうかもしれない、薄氷を履《ふ》むような作業になる。

しかし私は引き受けた。

依頼者が、どうしても私でなければと、懇願してくれていた。

それを引き受けることができなければ、私は物書きとしては失格だ。


人の一生というのは不思議なものである。

一つのことに悩んでいる時に、それとはまったく関係のない「出会い」が、答えを与えてくれることがある。そしてその「答え」がまた、別のものを照らし出す。

この依頼には、そんな「出会い」があった。


本は完成した。

本が生まれることで、別の出会いに「意味」が与えられた。

無から有が生じ、有ゆえに無を意識する。

そんなふうに、まるで蔦が絡み合って成長してゆくかのような波動の絵。

それを描いてみたくなった。


もう一つの出会い。

その人の名は浅羽信宏といった。

出会いそのものはごく平凡なものであった。

私が興味を持った。

ただ、それだけである。

しかし、それは結果的には「事件」であった。


「事件」は遡及的に影響を与え、私の過去を書き換えてゆく。

期せずして同い年。

立場はまったく異なる。

異質な対話が、私を書き換えていく。

その軌跡を「五行」の季節感という、現実の四季・時間とはパラレルな時空の中に投影して綴ってみることにした。

光の中を一人で歩むよりも
闇の中を友と歩むほうが良い。

ヘレン・ケラー

一

青の季節

――蠢き

年末のある日

午前中から正午にかけ、芦屋市のホテルにてミーティングをする。

母親のことを本にしてほしいという依頼であった。

対象となるのは大阪の老舗文具の大手企業、その創設者の末娘である。御年九十五歳。依頼は息子さんからであった。


息子さんは目を輝かせて言う。

「いま、自分が真っ当に生き、妻も子どももいて、世間との折り合いの中で生きていられるのは、母のおかげなんです」

さまざまなエピソードを聞かせてくれる。いずれの話も心に響くものであった。思わず目頭の熱くなる話もあった。赤の他人である私ですらこうなのだから、幼い頃にこのような母親に育てられた彼にとっては、それはどれほど「豊かな時間」の連続であったことだろう。

息子さんへの取材は、長閑《のどか》な時の流れの中で終わった。

時刻はまだ午後三時。

ポカポカとした冬の陽だまりを楽しみながら帰阪した。

＊＊＊

夕刻、野田阪神に向かう。

以前から気になっていた会社を訪問する予定であった。

会社の名前は株式会社浅羽計器。

社長の浅羽信宏氏に会うことになっていた。

「きっと興味を持たれるんじゃないかな」

彼のことを教えてくれたのは、大阪府大東市に本拠を置く企業の社長であった。

社長曰く――

明治時代、「東遊運動《ドンズー》」を提唱したヴェトナム独立の英雄、ファン・ボイ・チャウ（潘佩珠）

という青年が、日本で独立のための活動をしていたことがある。当時日本は列強入りを果たし、フランスとも同盟関係を持ったばかり。国としては、この青年を表立って保護することは難しい立場にあった。その時代に、孤立する彼を支えた民間人が小田原で開業していた医師、浅羽佐喜太郎という人物であった。いまでも浅羽家の故郷、静岡県袋井市に行けば、ファン・ボイ・チャウがしたためた佐喜太郎への感謝の言葉が、石碑となって残っている。二〇一八（平成三十）年十一月二十七日には、当時の天皇皇后両陛下も行幸なされ、この石碑をご覧になられたことでも知られている。

浅羽信宏氏は、この佐喜太郎の血族だという。

歴史的な興味も感じ、是非ともゆっくりお話をしたいと思っていた。

さっそく連絡をとらせていただく。

この日の夕方であればという話になったのであった。

まだ昔の空気の残っている街並み。

家屋あり、飲食のお店あり、模型屋あり、工務店あり。

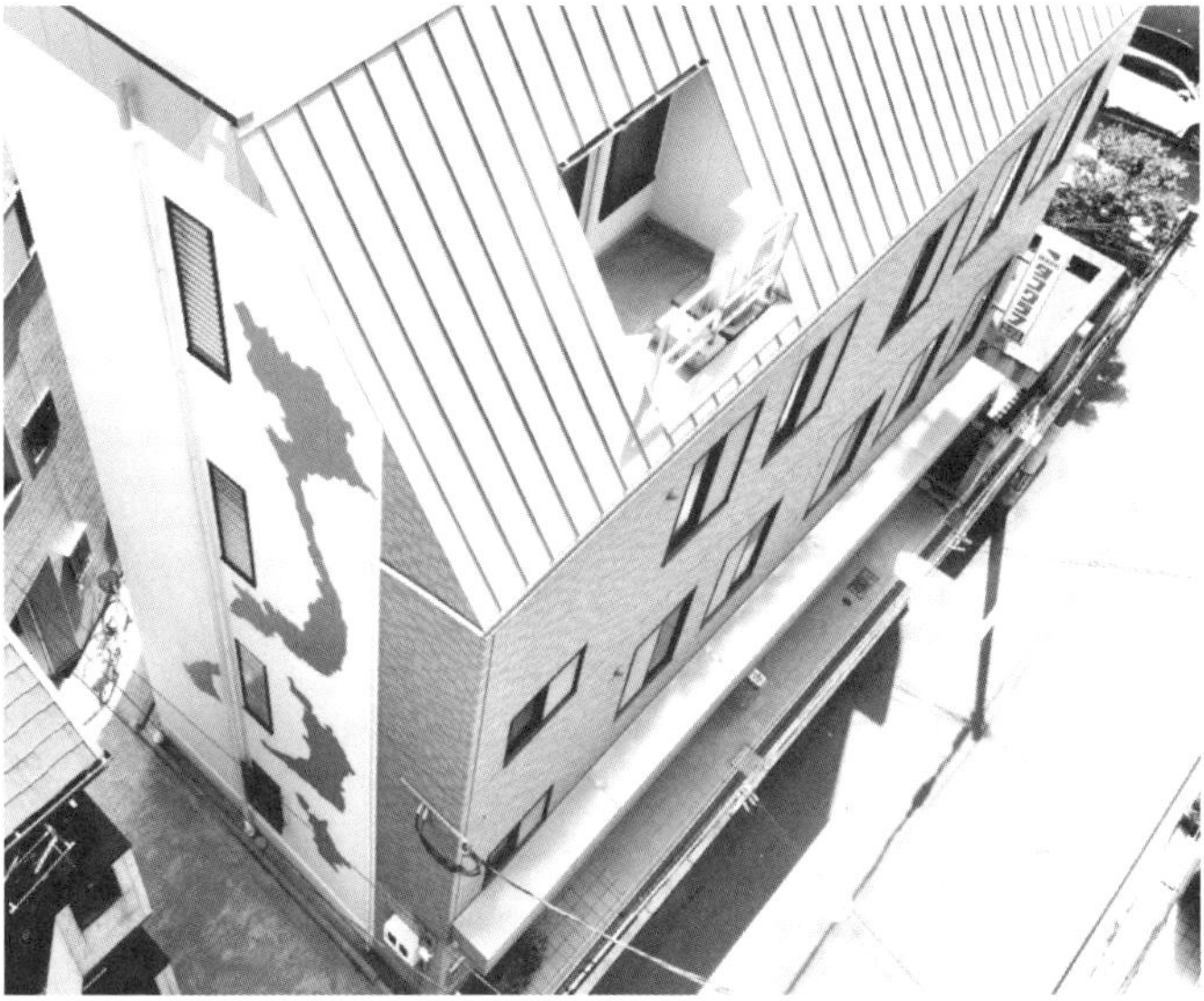

株式会社浅羽計器本社ビル周辺

いずれも浅羽信宏氏によるドローン撮影

さまざまな生活が雑居している一角に、浅羽計器のビルがある。
その壁に一見バンクシーが描いたような「模様」がある。
見ているうちに、それらが四つの地図であることに気づく。
一つは大阪府、一つは淡路島、一つは静岡県袋井市、一つはヴェトナム。

本社ビル壁面に描かれた地図
右上からヴェトナム、大阪府、袋井市。左中は淡路島

——ヴェトナムのことは、まだ「生きている」のか。

門をくぐる。

さっそく地図のことが話題になった。

「地図のことですか。ええ、大阪はもちろんここが拠点であること。淡路島は祖母、母の出身地。袋井は祖父の出身地。ヴェトナムは、浅羽家にとって歴史的なつながりがあることもありますが、今後仕事をしてゆく場所にもなったので、特別な縁を感じているんですよ」

そう語る浅羽信宏氏の第一印象は——

恐ろしくスピードの速い口調。

昼の長閑な取材とは違い、まるでクイズ番組の回答者と話をしているようであった。

そのせいか、実際の年齢よりは若く見える。

軽快に打つタイプライターの音のような話しぶり。

それに追い立てられるかのごとく、一時間はあっという間に過ぎた。

私にとっては、あまり遭遇したことのないタイプの人間であった。

それは浅羽氏にとっても同じであったのかもしれない。

互いに異質。それを確認する一時間。


「また、お会いしたい」

私がそう言うと、手元の分厚い手帳を手に取って――

「来月どうですか？　その後、食事でもしましょう」

素早く次回の約束も決まった。


お土産もいただいた。

浅羽計器オリジナルのコースター、マスク、瓦煎餅、システム手帳など。

それぞれに意味がある。

コースターは二〇二〇年にデジタルタコグラフ販売の日本一に輝いた記念品。

マスクはコロナ禍での心遣い。

瓦煎餅は創業五十周年の記念の品で、浅羽計器にまつわるさまざまなメッセージが記されていた。
システム手帳は創業以来、毎年恒例になっているもの。
ずっしりと重くなった荷物を担いで午後七時にビルを出た。

浅羽信宏氏とは

先日の浅羽氏の取材は、概ね株式会社浅羽計器のこれまでの歩みについてであった。ファン・ボイ・チャウを匿ったこと。これは浅羽家では口外せず、固く秘し続けてきた伝統もある。そのせいか浅羽家のルーツについて、信宏氏はあまり多くを語らなかった。補足的にいくつかの文献で調べることにした。

① 浅羽家とは

二〇〇五（平成十七）年に袋井市と合併するまで静岡県に浅羽町という町があった。浅羽家はこの地で神職を世襲してきた社家である。本家は現在も春日神社と八幡宮の宮司を務めており、紛れもない藤原家の末裔である。ただ、過去帳のあった常林寺の火災によって証拠書類は一部が燃えてしまったそうだ。ちなみに春日・八幡の社が並んで祀られている神社は、日本でもここが唯一であるとのことだ。

浅羽町全景
出典『浅羽町史　通史編』2000年、口絵

昭和三十二（一九五七）年に発行された『浅羽風土記』（原田和著）には、次のような一文がある。

平安初期に出た『和名類聚抄』の武蔵国の部に入間郡安佐波《あさは》の郷があるが、遠江国には「あさは」やそれに類した地名はない。この時代には存在していないと考えるべきである。「浅羽の庄」の初見は、鎌倉時代の『吾妻鏡』。治承五（一一八一）年に浅羽庄司宗信が、遠江国守護安田義定と事を構え、頼朝に所領をいったん召し上げられるという話が記されている。荘園の領主が守護と抗争し、頼朝も無碍に裁断しようとしなかったところを見れば、相当な勢力を持っていたものと推測される。また建久元（一一九〇）年に頼朝が上洛し、後白河法皇・後鳥羽天皇に拝謁するが、その行列の中に浅羽小三郎、浅羽五郎、浅羽三郎らの名がある。

これらをまとめると、浅羽氏は武蔵七党の出身で、その後頼朝の麾下になり、遠江に入って数か村を支配するに至った一族と思われる。地名があって名乗ったのではなく、浅羽を名乗った一族がこの地を支配し、土地の名となった。

これが原田氏の見解だった。


しかしこれとは違う見解がある。『紅の浅羽野に生きる』（浅羽芳久著）では、この武蔵七党より発した「武蔵の浅羽氏」と、浅羽庄の「遠江の浅羽氏」とは分けて考えるべきだという。というのは、建久六（一一九五）年三月十日に、源頼朝が東大寺の落慶供養会のために上洛した時に従軍した武将の中に、浅羽三郎と浅羽庄司三郎の名が記録されているからだ。前者は「武蔵の浅羽」、後者は「遠江の浅羽」であり、それをわざわざ「庄司」と分けて記録しているのだから、「一党」ではない。

この見解からすれば、『吾妻鏡』にある浅羽庄司宗信は「遠江の浅羽」であるが、法皇・天皇への拝謁のための上洛時に同行した、浅羽小三郎、五郎、三郎らは「武蔵の浅羽」となる。

両浅羽氏に血縁関係があったのかどうかは、明らかではない。

ただ、いずれも藤原家の血を引くものであり、また鎌倉時代には御家人となっている。ちなみに「武蔵の浅羽」はさまざまに分派し、室町時代、南北朝時代と一族の中でも戦い合い、果ては山形、越前、米沢などへと場を変えて幕末まで生き残ってゆく。

「遠江の浅羽」は、鎌倉時代の宗信の次に名が残っているのは、戦国時代の浅羽幸忠。今川家の家老をつとめ、高天神城の城代でもあった。この高天神城は、後に徳川・武田が奪い合う激戦地となるのだが、徳川方として城を守っていたのは小笠原氏。小笠原の家臣として城を守った武将に浅羽次郎左衛門、浅羽角平という名が残っている。

江戸時代に作られた『寛政重修諸家譜』にも、「遠江の浅羽」の名がある。つまり旗本であったわけだ。明治に入って徳川慶喜は駿府城にて隠居。幕臣たちも無禄でこの地に移住。自活のために製塩と茶の栽培に力を入れた。そんななか、幕臣との関係は定かではないが、農家であった浅羽平一郎の子平八は、茶業の起業家として活躍し、弟の平九郎は新しい茶の製法を研究し、「小笠揉切流」の開祖となった。

そして明治時代に、浅羽義樹と佐喜太郎親子が登場する。義樹は戊辰戦争が勃発すると、神官による「遠州報国隊」を結成し従軍。佐喜太郎は医学を学び、ドイツ留学を目指したが健康を損なって、小田原に移り住み開業した。

②　大阪に出る

大阪を本拠とした信宏氏の血脈。その祖は祖父の義三《よしみ》であった。昭和十五（一九四〇）年。義三は故郷を離れ、商いへの志を抱いて大八車に山ほどのお茶を載せ、自転車で引っ張って一路大阪に向かった。当時の大阪は「新天地」を求めて各地から人が集まる場所であった。特に大阪陸軍造兵廠（大阪砲兵工廠）の存在は大きかったと見られる。工場に人が集まる。人が集まればその生活を支える物資が必要になる。巨大な需要に応えるべく、人が各地から集まってきた。そんな時代の流れに、義三も身を投じた一人ではないかと思う。

信宏氏の祖母は淡路島出身。彼女が淡路島からやって来たのも、同様の背景がある。農作物と編み物の行商。これも工場に集まる人々にとってはなくてはならない必需品であったろう。浅羽町からやって来た「お茶」の男が、淡路島出身の「農作物と編み物」をひさぐ女性と大阪で出会う。出会った場所は港町天保山。天保山は行商の街でもあった。

当時としてはごく自然な出会い。

同時に、「大大阪」の様子を知るうえでは興味深い出会いでもある。

③ 有限会社 浅羽計器商会の誕生

終戦とともに人々の需要も社会の構造も変化する。急速に発展する工業化。特に頭角を現したのが自動車産業であった。自動車の自由さとスピードは、多くの人を魅了した。一分でも一秒でも早く目的地に到着したい。そんな人々の思いに応えるべく「神風タクシー」「神風トラック」といった暴走運転を「標榜」する車が出現するようになった。当然国からは「待った」がかかる。昭和三十七（一九六二）年に、タクシーやバス、トラックに運行管理機器「タコグラフ」を取り付けることが法律で義務化された。同時に運行を記録する用紙を一年間は保管することも定められた。

当時、義三はさまざまな職業を経たうえで、福島区野田阪神で車やバイクの整備や、時計の修理メンテナンスなどを生業としていた。その関係で、自動車部品で大きく成長をしていた矢崎総業株式会社の創業社長・矢崎貞美と知り合い、すぐに親しくなったそうだ。

昭和三十年より矢崎は、ドイツのキンツレー社のタコグラフに着目していた。タコグラフとは自動車に搭載される運行管理機器のこと。運行時間中の走行速度・距離・時間の法定三要素の変化を記録することで、その車両の稼働状況を把握できるようにするものである。この計器に興味を持った矢崎は、キンツレーと交流を始め、昭和三十五年には国産化を果たす。

義三が矢崎と親しくなったのは、矢崎の「タコグラフ熱」が頂点に達している頃であった。そのとき矢崎がよく口にしていた信念が「先見」、「不屈」、「奉仕」。この三つの言葉と精神を、当時具現化していたのがタコグラフであった。義三は矢崎の熱い思いに導かれるまま、一緒にドイツへも出かけ、ともに技術と精神を学ぶことになった。

「自動車産業はなくならないこと」、「いま、自動車と人間の付き合い方が変わろうとしていること」、「その変化とはスピードから、『安全・安心』」。矢崎と議論を重ねるうち、義三は特にこの「安全・安心」ということに興味を持った。

——これは長い需要になる。まるで「牛の涎《よだれ》」のようにずっと途切れずに続く。

義三の胸にこの思いが芽生えた瞬間、浅羽計器は産声を上げたのであった。

個人商店としては昭和三十七（一九六二）年に、有限会社としては昭和四十二（一九六七）年に創立。その後、高度経済成長、バブル経済と自動車産業は日本経済の花形として踊り出る。同時に浅羽計器も右肩上がりを続けた。二代目の信允は新たにタクシー業界にも食い込んだ。当時タクシーの料金は社会情勢に伴って、二年に一度のペースで上がり、メーターの電子化が急激に進んでいった時代。経営は安定していった。そしてバブル経済がはじけた。時代はさらに、人と自動車の関係に新しい概念を組み込もうとしていた。

それは「環境」だった。環境という視点から、燃料への姿勢が見直された。石油も高騰していった。一方で電気を使った自動車への転換が現実味を増してくる。時代はコンピュータによる制御の技術を必要としていた。

④ 株式会社 浅羽計器と浅羽信宏

一九九〇年代に入る。平成一桁。まだ二十代だった信宏氏が、このときデジタル化を志向していたことは、いまから思えば当然の選択だったと言える。そこで生まれたのが「デジタルタコグラフ」であった。デジタルタコグラフとは、タコグラフがそれまで紙に記録していた稼働状況を、データとして自動的に記録・蓄積する装置。これによって管理情報だけでなく、運転診断の計測、事故防止、燃費などのコスト削減の効果も見込めるようになるというもの。しかし、タクシーやバス、トラック輸送の会社は、彼が提案するデジタルタコグラフの話をなかかなか受け入れようとはしなかった。

「パソコンなんか要らん。そんなややこしいもんで管理すると、かえって手間暇かかるやないか」

「管理に力を入れるよりも、どれだけ車を走らせて、売り上げを伸ばすかに力を入れる方がええ」

「数万円のタコグラフが、デジタル化したら数百万。おたくの会社は資本金三百万程度やのに、そんなところから一千万のシステムを買うことなんて、できるわけないやろ」

すべてごもっともな話であったが、信宏氏は果敢に販売を続け、日本での発売開始以来現在まで、デジタルタコグラフの売り上げでトップを走り続けている。

二〇〇二（平成十四）年に浅羽計器が有限会社から株式会社になる。これを機に信宏氏は常務になった。常務になることで、業界全体の「デジタル化」を推進するオピニオンリーダーとしての役割を果たすことになる。時代の後押しもあり、業界の空気は徐々に変わっていった。まさに順風満帆であった。しかし二〇一二年に信允が脳梗塞で倒れてしまう。信宏氏は社長となって、浅羽計器を引き継ぐことになった。

⑤ スローガン

信宏氏は、祖父義三から多くの言葉をもらっていた。

「安全が儲かる」

これは基本。「牛の涎」のごとく、永遠に途切れない需要がある。

「現場が原点」

ケーブルの長さもわからず、見積もりを書いてはいけない。現場をとことん知り尽くす。

「小さな情報、大きな商い」

営業マンであれば、相手の飼っているネコの名前まで覚えておく。

三つ目の「情報」について、信宏氏はその意味を違ったように解釈していた。

「安全を生業にすることが浅羽計器の原点だとすれば、その安全が人に与える影響は多様。そういった千差万別の心の風景を見極め、真摯に向き合うことで大きな商いができる」

個々の違い。その心の動きを集積したもの。彼はそれを大きく「人」という言葉で捉え、新たなスローガン「人とともに」を社是として打ち出した。

デジタル化は時代の流れであった。MS-DOSからWindows 3.1、Windows 95の登場とともにパソコンが普及してゆく。同時に浅羽のデジタルタコグラフと連動する形で、集積される運転の情報を各社が必要とするようになった。契約した各社のドライバーの質は大いに向上してゆく。これによりドライバーも利用者も、輸送に求める概念、ひいては自動車との関係性、イメージするものを根底から変えてゆくことになる。
契約する会社の数の増加。近畿圏から全国、さらには矢崎総業の「世界とともに」というスローガンにシンクロした形で、ヴェトナムへの規模の拡大。提供する内容・質の高さ。さまざまな点において、現在、浅羽計器の社会に対する役割も日々変化し続けている。

これらをメモして、信宏氏の印象を重ね合わせてみる。
頭に浮かぶことが二つ。

一つ、浅羽家は代々、機を見るに敏を旨として生き抜いた家系。
二つ、遠江の浅羽の始祖、宗信と同様、浅羽信宏氏にも同じ「信」の字がある。

この因縁を信宏氏は受け継いでいる……のかもしれない。

大大阪の真相

「『しんどい時、お腹がすいたなと思った時は、いつでもおいで』。ママはいつもそう言ってくれた」

件の「お母さんの本」。その取材を始めている。

ご親戚の方、友人、お手伝いさんなどから話を聞きつつ、ぼんやりとしたイメージを重ねてゆく。皆、彼女のことはママと呼んだ。血のつながっている人も、つながっていない人も。

内容も多岐にわたる。

本を一緒に読んで泣いたこと。

夜中にラーメンを食べたこと。

爆音を撒き散らす車を静かにさせたこと。

子どもたちが出かける時には、絶対に怒って送り出さないこと。

プロ並みに料理がうまいこと。

息子たちの安全をいつも静かに祈っていること。

この日、午前中に話を伺った女性から、こんな言葉が飛び出した。

「彼女はいつもほうじ茶を出してくれるんです。お好きなんでしょうね」

身の回りのもの、環境、地域、家族、友人、動物、植物……人にはそれぞれ万物との関わり方に個性がある。そういったものが日常を彩る。日常はまた、時間の経過の中で過去と現在が影響を与えあう。それは連続したコピーのように間断なく続けられる。

そうやって、いまある状態をなんとか維持しようとしている。

そしてコピーと同じように、オリジナルは薄れてゆく。

つまり忘れる。

老いる。

消える。

「お母さん」は毎日ほうじ茶を飲む。ほうじ茶との関わりの中に、「お母さん」のコピー、「守るべき状態」がある。

——生きる。お茶……

先日まとめたばかりの浅羽家のデータが頭をよぎった。

鎌倉、南北朝、戦国、江戸、幕末、明治と目まぐるしく変化する中で「生きる」＝「守るべき状態」を維持し続けた浅羽家。凄まじい勢いで動くコピーの連続。そのなかに「お茶」もあった。

いま、大阪に生きる彼らにとって、その「始まり」は祖父が大阪に出てきたこと。その祖父は大八車に「お茶」を山ほど積んでいた。

「お茶」を大阪の当時の「日常」に持ち込む祖父の姿——

「日常」は彼に一つの事件を与える。

祖母との出会いだ。
コピーの最中に誤って指を写し込んだかのような事件。
その事件は次々とそのままコピーされ、いつしかそれも日常となる。
そうやって、事件は過去の書き換えを引き起こす。
事件の現場は当時の大阪。その「日常」とはいかなるものであったのか。
歴史に詳しい友人との話――
「大阪砲兵工廠がどれくらいの規模であったのか、考えたことはありますか」
ない。
友人は砲兵工廠の地図を見せてくれた。
大阪城の周りをびっしりと取り囲む工場の群。
想像以上の規模に思わず開いた口が塞がらなかった。

大阪陸軍造兵廠全図

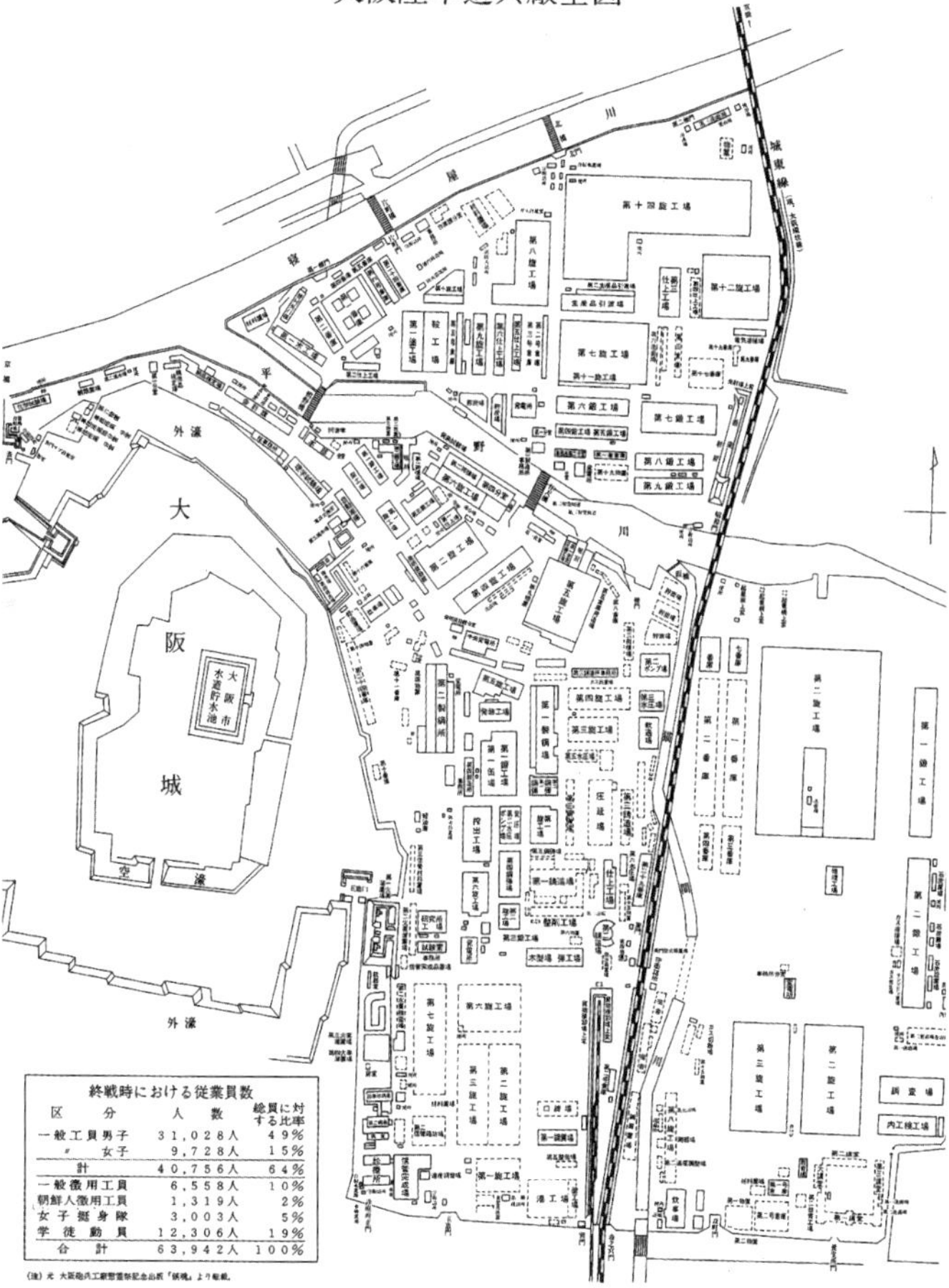

終戦時における従業員数

区分	人数	総員に対する比率
一般工員男子	31,028人	49%
〃　女子	9,728人	15%
計	40,756人	64%
一般徴用工員	6,558人	10%
朝鮮人徴用工員	1,319人	2%
女子挺身隊	3,003人	5%
学徒動員	12,306人	19%
合計	63,942人	100%

出典『大阪砲兵工廠の八月十四日 —— 歴史と大空襲』東方出版、1997年、付録

「まずはこの規模だということを認識するべきでしょう。いわば軍都ですよね。ここで働いていたとされる人の数が、六万三千九百四十二人。これは正規雇用なので、非正規の人たちを含めると十万を超えるでしょう。十万人がこの周辺で生活している。となれば、衣食住をフォローするだけでも大きなマーケットですよね」

友人の見解をまとめると次のようになる。

「大大阪」の出現を、我々は近世の「天下の台所」が、明治維新後のシステムの中で発展したものだと捉えがちだが、それを修正する必要がある。例えば大阪を代表する「糸偏」産業の発展。もちろん当時の日本の輸出の主力であったことは事実だが、その背景には大阪で膨れ上がった「新たな住民」の需要があった。また、数多くある（あった）大阪の商社。彼らの発展の根底には、砲兵工廠でつくられた軍需品を、各地に送るという巨大な需要があった。さらに都市の発展としては「独立するエンジニア」の存在も無視できない。砲兵工廠に集まり、そこで教育されたエンジニアの能力は世界的に見ても最高水準のものであった。彼らはいずれその技術でもって独立を目指した。素材としては、砲兵工廠からの払い下げ品を利用したという。

大阪の機械工の技術力はいまでも有名だが、それを育てたのも、大阪砲兵工廠である。教育機関にも影響を与えた。大阪には総合大学だけではなく、工業、産業など実学を基礎に置いた大学が発展してゆく。相当にプラグマティックなムードの都市であった。また当時はいまのように「使い捨て」ではなく、あらゆるものを「長持ちさせる」時代である。機械が故障すれば捨てずに修理に出す。修理工も大いに繁盛した。つまり大阪にさえ出てくれば、どんな商売をしても食うに困らなかった。

――これが、義三が「お茶」を持ち込んだ「日常」の姿か。

機を見るに敏。

浅羽家の伝統は、明確に生きていた。

「大阪の浅羽家」が生まれたのは、その結果だと言える。

変化への対応

寒さが野田の街の表情を変えている。
年は明けたが、いまひとつ街には活気がない。
流行りのウイルスのせいだと言われればその通りなのだろうが。

今日から、信宏氏の本格的な取材を始めることになる。

アポイントメントは午前十一時。駅からゆっくり歩いてきたつもりだったが、約束の時間より少し早く着いた。部屋に通される。信宏氏はオンラインで会議中。待っている間、話が耳に入ってくる。どうやら近々ヴェトナムで展開するビジネスについて、現地の人や提携する会社の人たちとミーティングをしているようだ。
ちょっとしゃがれた声。攻撃的な顔立ち。おそらく子どもの頃は、喧嘩っぱやい男の子であったのだろうという印象だ。その表情の上に笑みが溢れている。ニコニコとしながら素早く話を詰める。機関銃のようなテンポで話すのは、ビジネスも取材も同じ。はたしてこのテンポに、自分が馴染める日が来るのかどうか。

ミーティングが済んだ。

＊問答と取材中に思いついたメモなどを「はしがき」として枠内に記す。
＊私の質問はゴシック。

――デジタル化とは何ですか。

「効率化です。人にとってもモノにとっても。これまでたくさんの手をかけないとできなかったことが、簡単にできるようになる。そして社会がより効率よく回るようになる。そういう変化のことでしょう。厳密に言えばそれがデジタルであろうがアナログであろうが、どっちでもいいのだと思います。『デジタル化』とは言っていますが、字義的に正確な言葉ではなく、より便利になるということをイメージしている言葉なのだと思います。

ただデジタルであることが、データ処理を速くしていることは事実なので、やはり『デジタル化』はデジタルなんでしょう。便利になることで社会に普及する――販売するのはモノなのですが、提供するのはコトですね。普及し得るに足るコトでなければ商いにはなりません。なので、『デジタル化』は『より速く人に寄り添っている』という意味なのかもしれません」

――「デジタル化」が場合によってはアナログによって効率をあげることを意味する場合もあるのでしょうか。

「あり得ると思います。ただ自動車技術に関しては、ちょっと想像できません。オートマティックが究極に進んだ先に、ミッションに戻ることがあるかと言えば、F1などの特殊な分野を除けば、そんなことはないでしょう。変化の方向としては電気自動車へ、ということになる。部品数も極端に減って、ラジコン的になっていく。アナログ的な方法で効率化が図れるとは思えません。ただ、ミラーに関しては、電子ミラーをどう感じるのか。人によって感じ方は違うので。そもそもこの部分に効率化が必要だと感じている人と、そうでない人がいると思います。とはいえ、電子ミラーも日々、改良されています。技術が進歩すれば、その感じ方も大きく変わるかもしれませんが」

——人が人工知能などに、自分の「好み」や「判断」についても依存度を高めている時代だと言われていますが、「効率化」として提示したものが「普及」する——それを必要と感じる人間の認識・判断は、本当に人間の「純然たる判断」と考えていいのでしょうか？

「大事なのはバランスですよ。デジタル化が効率化であると同時に、普及するものだということは必要かどうかだけではなく、テクノロジーの発展と人の判断力のバランスも作用していると思います。極端にテクノロジーが分離独立して発展してしまえば、人はそんなテクノロジーに興味を持たなくなるでしょう。冷めると言った方がいいかもしれない。それでは商いとしてうまみがありません。永続的な『牛の涎』のような商いを生み出さないので」

——例えば、どんなテクノロジーの発展が分離独立だと言えますか？

「例えば……腰の悪い人が重い荷物を持つことができるように、オートマティックで巨大な機械を全身に装着したとしましょう。おかげで荷物運びだけではなく、日常生活をスムーズに送ることができるようになったとする。それはそれで良いことだけれど、装着する前はまだ機能していた筋肉まで弱ってしまい、別の問題を引き起こします。腰痛になるかもしれないし、寿命が短くなるかもしれない。これは『人間として生きる』だとか、『健康でいたい』といった基本的な人の要望から外れてしまいますよね。

スポーツでも同じことが言えるでしょう。ルールを無視しての例えですが、ゴルフをするのに巨大なマシーンを装着すれば、思いっきり球が飛んで行く。そんな装置があったとして、はたしてそれを選ぶのかと言えば、私は選びません。なぜなら『面白くない』から。楽しむためのスポーツに、本来の目的を捨ててまで、テクノロジーを駆使する必要はないのでね。こういったバランスは商品開発のうえでもいたるところで機能しているように思います。そのバランスが『効率化』を必要とするかどうかという判断にも作用し、普及するかどうかにつながるのでしょう」

――例えば自動運転についてはどうでしょう？　テクノロジーの分離独立と言えませんか？

「自動運転の前提条件の整理がまだまだ必要なので、それ自体を判断することは難しいですね。現状では過疎地域だとか、イベントエリアなどでは問題なく運転できますが、機械自体がどれほど『社会の変化に対応できるのかどうか』に疑問が残ります。例えば、落下物が岩なのか、それとも人なのか。その判断ができないのであれば、やはり人間がそばについていないといけない。となれば多種多様な『大事な人やもの』を運ぶうえで、完全な自動運転というのは、まだ完成にはほど遠いと思います。トラブル対応などを考えると、その前段階に遠隔運転の普及も必要で、自動車単体ではなく、別のテクノロジー、例えば高速道路に車を誘導する線を埋め込むといった環境、さらには、自動運転ならではの状況を、的確に判断できる人間の同乗や遠隔操作といった条件が揃った運用でなければ難しい。つまり未完成なので判断できないですね。ただ、ＡＩは夥しい失敗を『食べさせる』ことで成長してゆくので、あくまでも現状の話ですが」

人工知能には子どものお使いができないという。途中の道が工事で通れなかったり、行った先の商品が売り切れていたり、特売で値段が変わっていたりした場合、その文脈が読めないので判断できなくなる。これを「フレーム問題」という。この話の「岩」か「人」かは、その一例。

＊＊＊

ここで会話の中に新たなキーワードが出た。

『社会の変化に対応できるのかどうか』

彼はこの後、次のように換言した。

「変化に対応して、調和・調整できれば、何だってできるでしょう」

では信宏氏が率先して進めてきたデジタルタコグラフの普及は——どんな効率化を与えるテクノロジーだったのか。人との間のどんなバランスが基礎にあったのか。またそのテクノロジーは刻一刻と変わる社会の変化に対応して、調和・調整できる（フレーム問題を克服できる）可能性をどの程度持っているのだろうか。

＊　＊　＊

問答を続ける。

「デジタルタコグラフは、『スピードをコントロールする』という点だけではなく、『速度の変化率』『乗り心地』『エンジン回転を抑えることによるエコドライブ』『環境対策』『省燃費運転』など、それまでになかったいろいろな切り口で、会社さらには社会と、ドライバーとの間にコミュニケーションを生み出すことも可能にしたわけですよ。戒めるだけではなく、褒めるケースも増える。これはタコグラフというモノから、『ともに安全を考える』というコトへの質的転換であったと捉えることもできると思うんです。さらには『安全』というテーマで人が対話を重ねてゆくことで、モノガタリが生まれる。モノガタリを売る。それがいまの私たちの認識でもあります」

──「調和・調整」の意味では、どんな開発が進んでいるのですか?

「画像や映像を解析処理するカメラの能力ですね。うちは矢崎総業のＡＩチームの開発に協力しているのですが、骨格の挙動を見ているんです。例えばバスが出発する時に、乗客が座っているか、立っていてもつり革を持っているのか、乗客の状態が『安定』しているのかどうかを、カメラに判断させて車に伝える。運転手が運転中に携帯電話を見ていれば、それもわかります。そんなシステムです。

この開発の背景には具体的なこととして『人の死』が関わっています。どのようなケースで人が事故を起こし、命を落としてゆくのか。これに対応し、調和・調整するために、社会の方は新しいルールや法律を生み出してゆく。法律が生まれるとコンプライアンスも変化してゆく。価値観も変わってくる。この変化に対応して、テクノロジー開発の緊急性・必然性が生まれてくる。カメラの開発はその一例だと言えると思います。

もちろん開発に伴い、余剰の効果を生み出すこともできます。例えばどの時間帯に、どのような層が乗車するのか。どこの停車場で乗り、どこで降りるのかが判断できるので、それによってサイネージ――最近エレベータやタクシーなどでもよく見かけますが、乗ってくる人の年齢層や性別に合わせて、適したCMを流す――のようなことも可能にしています。これもデジタルタコグラフと同様の、『コミュニケーションの幅が増える』という現象ですね。

社会の変化というのは、何が起点になるのかはケースバイケースですが、必ず人はそれに反応します。そして人の満足も変質していきます。手間を省く効率化は、便利だけではなく安全を目指す場合もある。安全安心を確保できない時代のバスであれば、乗客も自身を守る技術を身につけていないといけないのかもしれませんが、確保できるテクノロジーが普及することで、そのような技術は不要になるでしょう。

またタクシーをスマホのアプリで呼ぶという技術。コロナ禍の中で利用する人が増えています。それによって助かったと感じている運転手がたくさんいます。流しでお客を拾える可能性が極端に減っているので。でも一方で、使いこなすことのできない運転手もいます。調和・調整できなければ、やることが限られてくる。

安全安心にしろ、コロナ禍のように外に出にくい状況にしろ、そういった社会の変化に対応し、使い勝手の良いもの、つまり、人とのバランスの良いものはヒューマンインターフェースの精度が上がっていくので、使ってもらえるようになるのだと思います」

ヒューマンインターフェース。人間と機械が情報をやり取りする手段。これもコミュニケーション。安全・信頼・利便性という要素が強く働く場合、『社会とのコミュニケーション』という色合いも強くなる……ということか。

二時間ほどの会話を終え会社を出る。

対話

社会とドライバーとの間でコミュニケーションをとることも可能にした。

戒めるだけではなく、褒めるケースも増える。

これはタコグラフというモノから、ともに安全を考えるというコトへの質的転換であった。

さらにはモノガタリへ。

取材の後、感じたことをまとまらないまま、雑感として書き留めることにした。

雑感①

デジタルタコグラフがドライバーにとって「支配」や「コントロール」ではなく、「コミュニケーション」であり得るのはなぜか。

人はどこかで「支配・コントロールされたい」存在だとしたらどう考える?

例えば――コロナ禍前と後。

コロナ禍という事件があって初めて、「コロナ禍前」という概念が生まれた。

その「コロナ禍前」にはマスクやワクチン、人流抑制などの「制約」という「支配・コントロール」はなかったかもしれない。

でも、それがないことが「自由」だったのか。

いや、そもそも「自由」を求めていたのか。

自由は個人にとって、大きな「負担」だったのではないのか。


個人は弱い。

地域とのつながりが希薄になった現代の個人はさらに弱い。

弱い個人に自由は負担となる。


言論の自由なんてものも、大勢が期待する答えを探す「自由」でしかない。

信仰の自由なんてものも、信じる心を受け入れる想像力の欠如を明示したにすぎない。

弱い個人にとってのコミュニケーション。
対話と言い換えてみようか。

対話は対等だ。
対話を繰り返せば、人はつながり「個人」であることから解放される。
モノガタリが生まれるのはこの瞬間だ。
つまり強くなる。

かつて厳しい自然環境を生き抜いた人類。
人と人。人と環境。さまざまな対話を通して生き抜いてきた。
特に環境との対話は、生きるか死ぬかの深刻なものであったに違いない。
一つ間違えると、村ごと壊滅するという場合もある。
川の氾濫や地震、火災、雪崩。
地域によって環境との対話の中身やあり方は異なる。
地域ごとに民間神道があり、一つとして同じ作法がない。

それぞれに意味がある。

それが文化であり、地域であり、モノガタリである。

「変化に対応する調和・調整」

まさに人間が重ねてきた「環境との対話」のことだ。

社会とのコミュニケーションをドライバーという「個人」に、なかば「支配・コントロール」的な方法で「再認識」してもらうことは、結局「渇望していた対話」への導きなのかもしれない。

美しさ

「母は幼い僕が障子を破らないよう、針を仕込んで障子紙をさわれば痛いということを教えた」

「母は大きな火傷をしないよう、火鉢で遊んでいる僕の指をとって、小さな火傷をさせた」

「母は私が登校拒否になった時も、何も言わなかった。自然に学校に行くようになった」

「母は怒らなかった。いつも穏やかであった。しかし、それが怖かった」

「お母さん」の本の取材は続いていた。

こうやって彼女の子どもたちは「強く」なったのだろう。

支配・コントロール――対話・バランス。

それらが揃っているからこそ、行為そのものの内容がどうであれ、思い出は美しいのだろう。

実態

浅羽計器のデジタルタコグラフを使っている会社を訪ねる。

担当者に話を聞いた。

担当者はいずれも四十代。すでにこの仕事に就いた時からデジタル化されていたので、それ以前のことはわからないという。とりあえず「運転日報」というものを見せてもらった。出庫、荷卸、荷積、休憩、入庫の時間。走行距離、稼働時間、アイドリング時間、停止時間、これら細やかな数字が自動的に記載される。また、一般道、高速道における最高速度や回転数などが記録され、それらが適正であったかどうかをＡＢＣで評価され、コメントが記載されている。

この評価やコメントを「支配・コントロール」と感じるドライバーはいないのかと尋ねると、担当者は首を横に振った。

「お互いの身を守る。このことを共有する意味を、評価・コメントは教えてくれているのではないでしょうか。評価自体は絶対的なものではありません。行った先が混んでいて待たされると、アイドリングの時間も長くなります。それが短かった時にAとなるのは、ドライバーも『自分の能力』だとは思っていません。運が良かったのだとわかっています。『運が良かった』という意識も、会社、ドライバーが共有することで、社会・環境との立体的な対話になるのだと思います。デジタル化によって、同じ仕事でもドライバーと社会、また会社との関係性が変わったとすれば、そういったところではないでしょうか」

身を守る。
生きるか死ぬか。

古より日本各地で培われた環境と人との対話の本質が、ここにもある。
ドライバーという仕事には、少なくともそれがある。

デジタルタコグラフは、たしかに個人を「強く」するのかもしれない。

二

赤の季節

――パッション

母と母

「お母さん」の話をどう書くか。

取材は進むが悩みは尽きない。

そんなある日、とある友人とお茶をしていた。

彼は一冊の本を見せてくれた。

山田廣成の『量子力学が明らかにする存在、意志、生命の意味』(光子研出版、二〇一一年)。

そこにこんな問題提起があった。


「街を碁盤目に作り番地を付けることも、教室に机を碁盤の目のように並べるのも、自然に発生した人間の知恵であり習性である。

これは、人間が複雑だから成されたことなのか? それとも、電子のような無機物や下等動物でさえ行う自然が持つ一般的な営みなのか?」

なぜこんな疑問を持つのか。

山田は言う。

「電子は閉じ込められると局在して分布するようになり、その形状は波動のようである」

「金属でできた箱の中には電磁波が閉じ込められる。このような箱のことを共振器と呼ぶ。箱の中には電場や磁場の強い部分と弱い部分が現れる。原子の中で電子が局在するのと同じだ。箱の中には光子の集まりやすい場所があるのだ。光子は均一に分布していない」

「人間も地球に閉じ込められているわけだが、地球上に一様に分布しているのではなく、特定の場所に町を作って局在し、町には2次元の番地が付けられている。（中略）集まろうとする習性があることも確かだ。集まったときに干渉が起こらないようにするために番地を付けて居場所を制限している」

人間も電子もきわめて似た行動をする。

物質は集合しようとする。

集合にあたって、空間に構造を付与する。

そうして——波動が生まれる。

人と人は局在しつつも、互いに極端な干渉をし合わないようにする。

しかし洗練した「干渉」をし合わなければ生きてもいけない。

それが対等な対話なのだとすれば、対話の形状は波動のようなものになるのかもしれない。

その波動が地域を生み、祭を生み、社会を生み、歴史を生み……。

であれば、たしかに「お母さん」が子どもたちに何らかのメッセージを与えたのではなく、「お母さん」と「子どもたち」がいて、そこでの「対話」が波動となって、さらにその周辺へと影響を与え、周辺もその波動を受けて、また別の波動を生み出す。そんな図が見えてくる。


友人と別れたあとも、波動の図がぐるぐると頭の中を駆け巡っている。


干渉し合わないための人間の番地。

陰陽もそう。

五行もそう。

十干もそう。

身分もそう。

一族という意識もそう。

名前もそう。

そこから生まれる因縁もそう。

支配・コントロールも――究極はそうあるべきなのだ。

老子は次のように言う。

「居ることは知られていても、民がとくに気にすることもない君主が最上です。（中略）（君主は）役割を着実に全うし、民にその業績が知られることなく国が平和におさまるのがよいのです。民が平和な暮らしは自然とそうなったのだと思えるような君主が最高なのです」

（王福振編／漆嶋稔訳『心が鎮まる老子の教え』日本能率協会マネジメントセンター、二〇一三年）

同時に信宏氏の言葉を思い出した。

「変化に対応する調和・調整」

それは変化があっても、極度に干渉し合わないための「干渉」。

そんな波動。

その質感はどんなものなのだろうか。

もしかしたら、とても柔らかいのではないのだろうか。


老子はこうも言っている。

「世の中には最も柔らかいものが、最も堅いものを貫き動かすことがあります。水のように定まった形のないものが隙間の堅いものに染み込んでいき、それを削り取ってしまう。わたしは、このことから無為の凄さを知ったのです。言葉によらない無言の教えと、無為の凄さに匹敵するものはないと悟ったのです」

（王福振編／漆嶋稔訳、同前書）


対話のさらに向こうにある波動。

それが無為。


無為について物理学者のフリッチョフ・カプラはこう解釈していた。

「中国人の言う無為とは活動を断つことではなく、ある種の活動、すなわち絶え間なく進行する宇宙のプロセスとの調和を逸脱するような活動を断つことを意味している」

（フリッチョフ・カプラ著、吉福伸逸／田中三彦／上野圭一／菅靖彦訳『新ターニング・ポイント――ポストバブルの指針』工作舎、一九九五年）

個人の弱さが、宇宙のプロセスとの調和を見えにくく、感じにくくしているのであれば、いずれ人は極端に干渉し合うことになるだろう。自由が負担になるのは、そのせいだ。それを整理し、導いてくれるテクノロジーがあるのだとすれば、そのテクノロジーは「気がつかないうちに」支配・コントロールしてくれる。人はそれを望んでいるに違いない。

「牛の涎」は止まらない。

柔らかいコントロール

信宏氏の取材の二回目。

――人間はどこかで「支配・コントロール」を求めている存在だと思いますか。

「タコグラフをデジタル化してゆく前、会社の都合によるメーター設置に対してドライバーは『厳しく監視されている』と感じたのでしょうね。どんな運転をしても、タコグラフのメーターが動かないようにタバコのフィルターを差し込んでおいたり、速度、距離、時間をチャート紙に記す針が曲げられていたり――それを修理するのが、中学時代の僕の主なアルバイトでした。

とはいえ紙の記録では急発進、急ブレーキは厳密にはわかりませんよね。これがデジタル化することで、〇・五秒ごとの速度の変化率を記録していくことができるようになり、不正をしようにもできなくなり、現場は『コントロール下』に置かれるようになったわけです。もはやドライバーはそれに反発しません。諦めたのではなく、デジタル化によって『コントロール』

がタバコのフィルターを突っ込みたくなるようなモノではなくなり、社会の環境も変化し、仕事の背景の中に溶け込むコトになったのでしょう」

信宏氏はここまで言ってから、ちょっと考えた。

そして続ける。

「人にとってモノとは、他者と自己を分ける境界として存在し、コトは、自分もその構成要素として交わっている状態を示しています。社会、地域、国、世界を、モノとして見るか、コトとして捉えるかによって、関係性は大きく変わりますよね。モノによる『支配・コントロール』は他者からの抑圧。積極的に求める人は少ないでしょう。コトによる『支配・コントロール』は自己と他者による共生。厳密には『支配』ではなく、相互に『コントロール』し合う世界。『柔らかいコントロール』とでも言うべきものですね。それは『求められている』と思います。その『柔らかいコントロール』がモノに作用すればテクノロジーが生まれ、コトに作用すればヒューマンインターフェースの精度を上げてゆくことになるのでしょう。

では現代、コトとモノの関係、テクノロジーとヒューマンインターフェースの精度向上との間に調和が取れているのかといえば、取れていない。例えば、限度を超えたＳＮＳの誹謗中傷であったり、マスコミの情報操作的発信であったり、そんな『顔の見えない部分』が妙な力を発揮して、バランスを崩している。同時に人間のコトの部分を判断したり感じたりする力が、弱くなってしまっている。それに乗じてテクノロジーなどのモノの凄みで幻惑させて、売りつけるという風潮もあるように思います。それは商いとして哲学的・倫理的に間違っています。

私のイメージする商いという観点からは、このコトを売ると言いますか、感性や判断を活性化させる一助となるような提案、ヒューマンインターフェースの精度向上に結びつく提案を心がけるべきだと考えているんです。人の判断が機能してこそ、『柔らかいコントロール』がきちっと機能するのだと思う。人が支配やコントロールを求めているのだとすれば、『柔らかいコントロール』を提案し、それを明確に求めてもらう。そんなふうにあるべきだと思います。そのコントロールも、ビッグデータとＡＩが導き出すものになってゆくのかもしれませんが」

――「テクノロジーの凄みで幻惑させる」とは？

「『新たなテクノロジーの介在しない商品は売れない』と、どこかで人は信じ始めているのではないでしょうか。料理にしても、新しいアレンジがなければなかなか打ち出せないだとか。

自動車はまさにそうですよね。自動運転、電気自動車などについては結局のところ、モノかコトか、テクノロジーかヒューマンインターフェースの精度向上かという問いかけでもあるんだと思いますよ。

『人間の技術』として残しておくべき部分に『新たなテクノロジー』を搭載しても、それが高度なヒューマンインタフェースとなるはずはないですよね。それでも『このテクノロジーがすごい』というマスコミなどの発信が、『顔の見えない情報』として飛び込んでくると、なんだか重要ですごいことのように感じる。それはモノの優勢、偏りだと思います。これは危険なんですよ。

人の判断力、感性とのバランスを保たないまま「モノの優勢」が人から社会、国、世界へと拡大してゆけば、どんどん深刻な問題を引き起こしていきます。個人レベルでは、自動車の安全運転への意識をテクノロジーに委ねるかどうかといったところです。これが社会レベルともなれば、誰でもコメントを発信できるテクノロジーが独走し始める。独走の状態が長く続けば、人の判断力を介在させることができなくなり、SNSの極度な中傷、それによる殺人、さらにはハッキングなどが横行することになる。国・世界レベルとなれば核ミサイルを開発・保有するということにもなる。ドローンを人命救助やエンターテインメント、農薬散布、建築関係などにも役立たせるのは、判断力・感性とのバランスがあってこそのこと。バランスを失えば、このテクノロジーも戦争に使われ、主力兵器となる」

――コントロールではなく、「柔らかくコントロールする」と、あえて言うのはなぜですか。

「人というのは、直接的に強要されれば何も言うことは聞かない。またそもそも、何事も強要されるべき存在ではありません。自発的に『より良い方向』へと向かうべく、促しあうことが大事なのです。また、だからこそ難しいのでしょう。会社の評価も減点ではなく、加点をもってする。そんな時代でもあるので、『柔らかさ』は必然でしょうね。褒める自動車教習所もあるそうで、大人気みたいです。褒めて伸ばすのは大事だとは思いますが、まあ、そこまでいくと『ほんまに大丈夫か?』という気がしますが。

『柔らかく』という考え方、感じ方も千差万別なので、程度の差も出てくるでしょう。行き過ぎている場合もあり、問題として露呈してきますよね。例えば過度の『柔らかさ』の中で学校を卒業し無事就職したものの、社会のあり方や会社の思想に順応できない新入社員が、いきなり退職したり引きこもったり、場合によっては自殺したりする。またSNSでの過度の誹謗中傷などを繰り返し、相手を自殺にまで追い込んでしまう。これも行き過ぎた『柔らかさ』の結果だと思います。

こういった問題を解決するうえで、さらに高度なテクノロジーも開発されています。SNSの書き込み内容によっては制限する。そんな技術は典型ですね。会社の人材育成や評価方法に関しても、世代によって変化する人の価値観や認識に合わせて調整するテクノロジカルなフォローが入るかもしれません。幾重にも重なるバランスを保とうとする……そのための『柔らかさ』はもはや必須の条件となっているのでしょう」

人とテクノロジーによって保たれるバランス。

このことについて、老子の言葉の中に思い当たることがある。

「世の中に規則が増えるほど民は自由を奪われ貧しくなります。そこで、不自由解消のために民は便利な方法を考えますが、それがますます世の中に混乱を生み出します。混乱から抜け出すために民はさらに知恵を出しますが、その知恵が悪用されて犯罪が増えます。そこで規則が強化されますが、人心はさらに乱れ犯罪が止むことがなくなります」

老子の思想は「性善説」が基礎になっている。

「柔らかく」コントロールするという発想も、いずれ自発的に人間は「より良い方向」に向かおうとするに違いないという発想が前提にある。

規則を厳しくするのではなく、「柔らかく」導く。

この点では信宏氏も老子と同じ視点に立っていると言えるだろう。

信宏氏は立ち上がり、ホワイトボードの前に立った。

「ここに人という字を書いて、よく社員と議論をしています。人の字の上の左側には『儲け』、右側には『幸せ』に関するキーワードを並べています。人は『幸せ』を求める心がなければ生きていけません。また『幸せ』は時代とともに変化しますし、人によっても異なるものですよね。その変化にどれほど真摯に向かい、対応してゆくのかが『儲け』となって現れる。そんな議論を続けています」

――Amazonのベゾスが顧客中心主義をうたっていますが、それに類似した発想でもあるのでしょうか？

「顧客中心主義というのは、言い換えればモノを売るのではなく、コトを売るということでしょう。Ａｍａｚｏｎでの買い物で『良い商品が手に入る』ことは当然として、『買い物によって、サプライズなどの楽しい時間の演出ができた』だとか『ていねいに、タイムリーに届けてくれたことで、子どもを喜ばせることができた』といったコトのところが魅力的なのではないでしょうか」

――AmazonではDAY1がいつまでも続くことを心がけているらしいのです。DAY1というのは起業初日。顧客の満足というのは、完成形がないので日々変化する。だから、たまたまの初日の「満足」がそのままシステムとなってDAY2＝次の日も継承されるのは良くないと考えているらしいのですが。

「なるほど。うちでも、いきなり商品の説明から入ってはいけないと社員に言っています。相手が何を考えていて、そこにどんな問題を抱えているのかから始まる。だから『決まったシステムでの対応』というのはありませんね。人によって、タイミングによって、時代によって変化する。その会社の精神的な部分もあれば、法律、ルール、給与といったこととも関わる。そんな時々刻々と変化する状況の中で、相手が最も欲しているものは決して固定しません。その要求と対話を続けて、ユーザーのことを日々敏感に感じ続ける。そしてサポートを提案する。そんな関係を目指している点では似ているかもしれません。

我々のものづくりは、矢崎総業の製品＝モノをベースに置きながら、変化に対応しなければいけない部分＝コトの開発をやってきた、そんな伝統があるということになるのだと思います。自動車的に言うならば、車と人との関係を潤滑にするオイルとして変化に対応し続けられれば。そんなことを思っていますよ」

ニューヨークタイムズの報道によれば、Ａｍａｚｏｎでは従業員が誤って解雇されるケースが多いそうだ。その根底には創業者ベゾスの「人間使い捨て思想」があるのだという。「人間は本質的に怠惰だ。欲しいもの、必要なものを手に入れるのに最小限のエネルギーで済ませようとする」というベゾスの基本思想が反映しているのではないかとの声も出ている。信宏氏の人の幸せ追求とは、本質的に異なっている可能性がある。

二〇一七（平成二十九）年に開かれた浅羽計器の創業五十周年の祝賀会でも、「人」の字は大きなテーマとなった。その「人」の字の周りに、信宏氏の三人のお子さんが書いたという字を

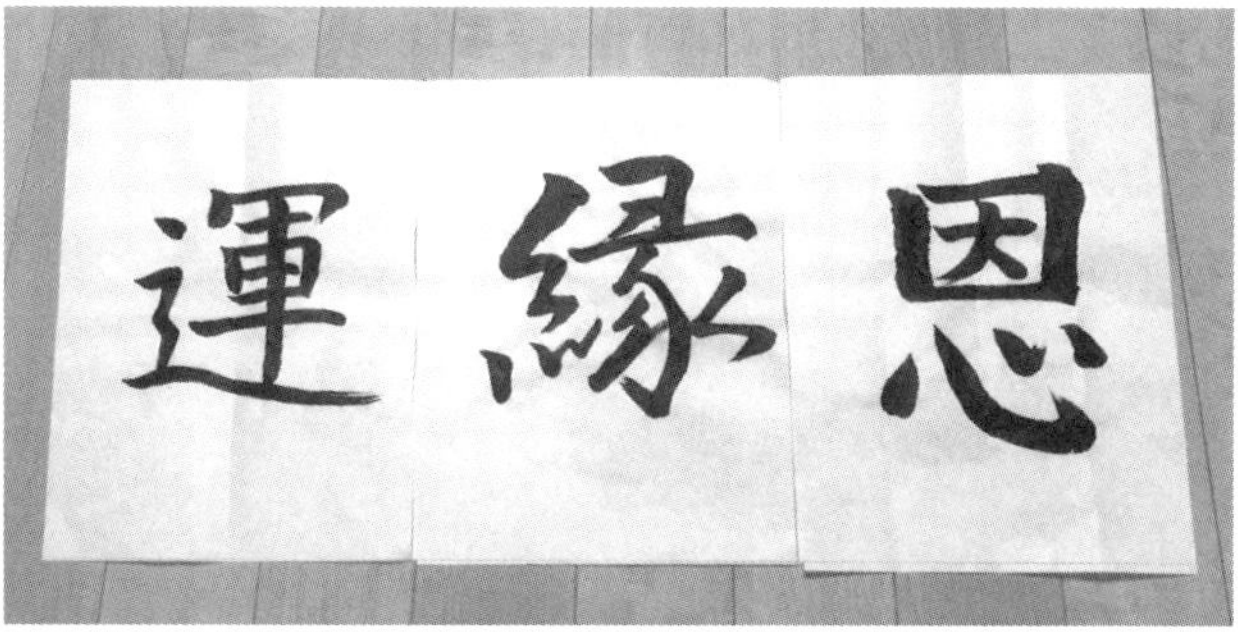

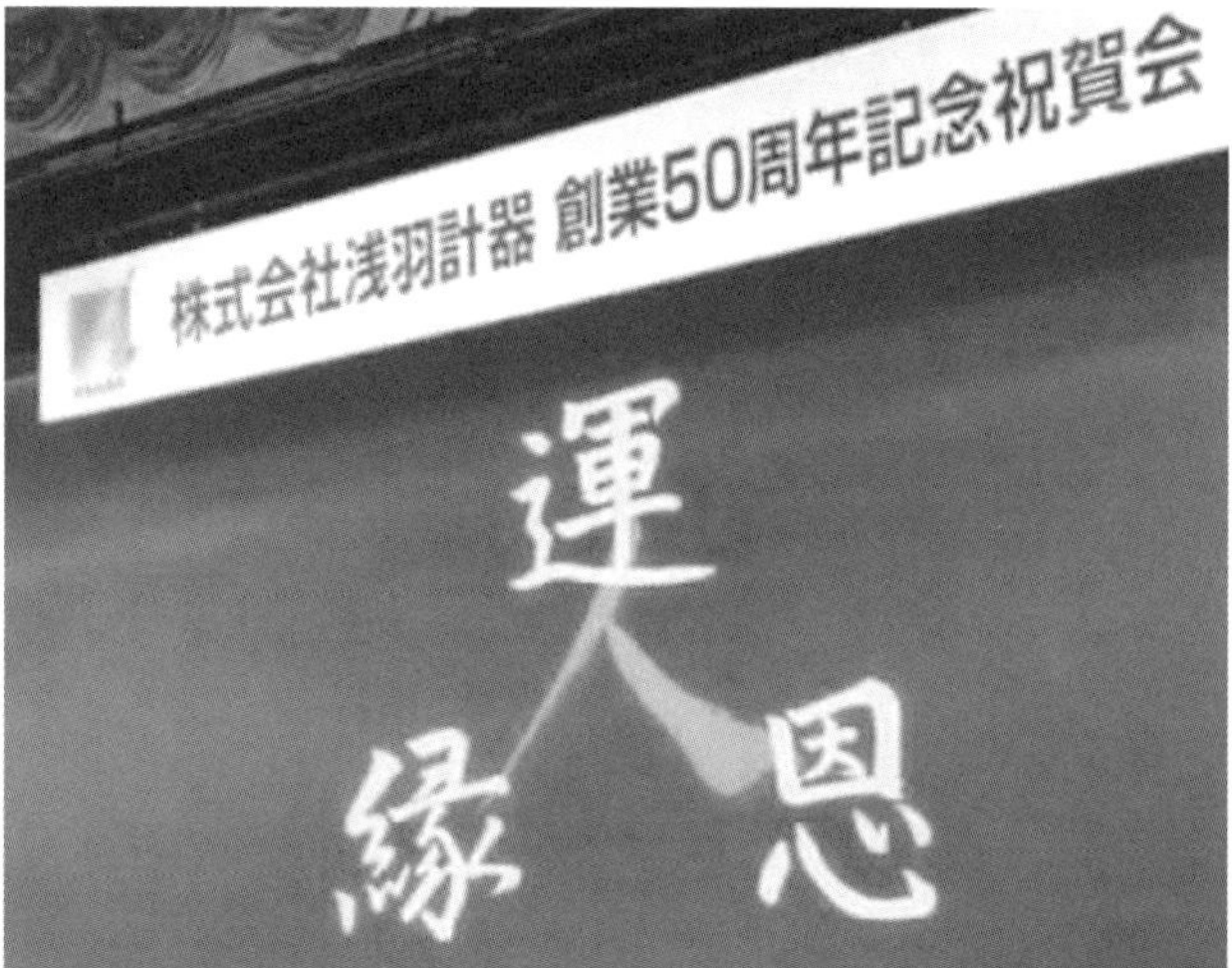

浅羽信宏氏のお子さんによる「運」「縁」「恩」
これらの字は株式会社浅羽計器創業50周年記念祝賀会でも大きなテーマとして使われた。

見せてもらった。

――運・縁・恩ですか？

「人生及び会社運営において大事だと思うのはビジョン、パッション、人だと常に私は言ってきました。ビジョンとは先見、パッションとは『やってやれないことはない』という不屈の精神。これは個人の内面であり、過去・現在・未来の時間軸でもあります。その周りを形成しているのが人。人という字に、それぞれこの三つの言葉を重ねているんです。で、これはぐるぐる回るというイメージを持っています。つまり空間です。運があると縁を得る。縁があるから恩を感じる。恩を感じていれば、また運は巡ってくる。そんな世界観ですね。これが『人とともに』という、うちの社是の根幹ですね」

――ぐるぐる回る？　陰陽の交代のように？

「そうですね。陰と陽になぞらえれば、動きが見えやすいかもしれませんね。回転する運・縁・恩の輪廻は、陰と陽が回転する陰陽二元論。バランスですよ。そこに先見、不屈、奉仕／永続が組み合わさると、バリエーションはそれこそ無尽蔵。人によって異なる幸せがあり、商

スカイダイビングをする浅羽信宏氏

いの可能性があるわけです。人の幸せとともにいる商いに、最も必要なこととは何か。父が僕に与えてくれた『許し』ではないかという気がします。つまりチャレンジすることを許し続けてくれたこと。これ、実はものすごく大事なんですよ。率先してドローンの一級免許を取得しインストラクターの資格も得ました。スキューバーダイビング、スカイダイビング、大型バイク、船舶なども資格を取る。これから無線の資格も取ろうと考えています。『人生でやるべきこと』と題して、リストを作ってもいるんですが……これらはすべて、千変万化する人の『幸せ』に対応できるようになるためのチャレンジなんですよ」

――チャレンジから何か見えました？

「視野が広がったといえば月並みですが、例えばスカイダイビングによって、地球が丸いことを体感できました。この体感を知らないで、人間のことを考えるなんて、ちょっと小さくないですか。地球の丸みを見ることができたという運。これを共有する相手を得ることができれば縁。その縁がもとで発展を見出せれば恩。恩に感謝すれば、また新しい体験の中に意味を見出せる。これを回転させる原動力は、チャレンジを許し合う『柔らかさ』ですね」

＊＊＊

「二級を取って、一級を取って、インストラクターの免許まで取りましてね」

ブーン。

予想より大きな音を立てながらドローンを操縦している。

ガレージにある彼の「お宝」を見せてもらった。

ハーレーダビットソン、ホンダのゴリラ、それに免許を取ったというドローン。その操作などを披露してくれた。

聞けばこれらの「お宝」は、すべて社員との共有物なのだという。個人でも楽しむが、基本はみんなで楽しむものなのだとか。その他にもいろいろあるのだそうだ。ゴルフ、サッカー、スキューバーダイビング、スキー、スノーボード、釣り道具。それらを使って一緒に遊び、チームの意識を高めている。

ドローンを操縦する信宏氏のその目は、子どものように輝いている。縦横無尽に操る仕草には、持って生まれた器用さが感じられる。しかも、生まれながらの「やんちゃっぽさ」がみなぎっている。いたずら心たっぷりにドローンを飛ばす。

新しいものにチャレンジすることを好む性格。

それにしても……

ガレージに並ぶトライクのハーレーダビットソン。

懐かしいホンダのゴリラ。プレートのナンバーは７７７７。

デジタルタコグラフを開発、改良、普及させ、業界のデジタル化を進めてきた旗手であり、「効率化に後戻りという選択肢はない」と言い切る人なのだが、愛するもの、そのこだわり方を含めて、なかなか「古風」である。

ただ、最もこの人らしいのは、次の一言であった。

「もし、十年早くドローンを動かすことができていれば、東日本大震災の被害者を少しは減らすことができたんじゃないのかなと思うんです。ドローン自体に人命センサーがあれば、浮き輪とＧＰＳ発信機と飲料水、この三つを渡せたのだから」

ブーンという音が近づいてきて、ドローンが私の足元に着地した。

この瞬間から、「信宏氏」は「信宏さん」となった。

人と万物の関係性

雑感 ②

現代の「人と万物の関係」はとても単純になっている。
あらゆる局面で効率化が図られたのだから、当然の帰結だと言える。

人間と社会。
人と自然。
人と世界。
これからもどんどん単純になっていくことだろう。

例えば料理。どのような料理も、たいていはスマートフォンで検索するだけでレシピが出てくる。それに従って調理すれば、その「料理」を生み出すこともできる。材料も手に入る。スマートフォンなどで注文すれば、玄関まで持ってきてくれる。そもそも火をおこす必要がない。ワンタッチで火が着く。

これが野生の状態であればそうはいかない。もっと複雑な手順をいろいろ教え、その訓練をしなければいけなくなるだろう。獣を狩る。毒性のない植物を採取する。火をおこすなど。原始においては、人とあらゆるものとのつながりが複雑なのだ。

しかし「単純な世界」に住みながら現代人は、野生の状態にある人間社会を「野蛮」「原始的」だと言い、漠然と「単純な社会だ」と捉えがちだ。

どうしてそうなるのか。

信宏さんの言う通り。

「テクノロジーの凄みで幻惑させられている」からだ。

幻惑され続けると、テクノロジーは独走し始める。

人の判断が介在できなくなってゆく。

信宏さんのワード「バランス」が、保たれなくなってゆく。

彼の目指すテクノロジーは「バランス」を保つために開発されているとも言っていた。

つまり、テクノロジーには二つあることになる。


一つは、単純化の中で、人を置き去りにして独走する可能性の高いテクノロジー。

もう一つは、単純化の中で人が失った判断力を再構築・保護するテクノロジー。


前者はどこまでも「モノ」。

後者は人と万物との関係を再構築することで「コト」を引き出す。


モノのテクノロジーと、コトのテクノロジー。

コトのテクノロジーは「判断力・感性」を鋭敏にさせる。

つまり、コトのテクノロジーは「感じる」。

映画『2001年宇宙の旅』で、宇宙ステーションをコントロールしているHALが、その記憶パネルを順番に破壊されてゆくなかで、何度も連呼した、あのI can feel it――「感じるんだ」。まさにあれである。

そのイメージを描いてみた。

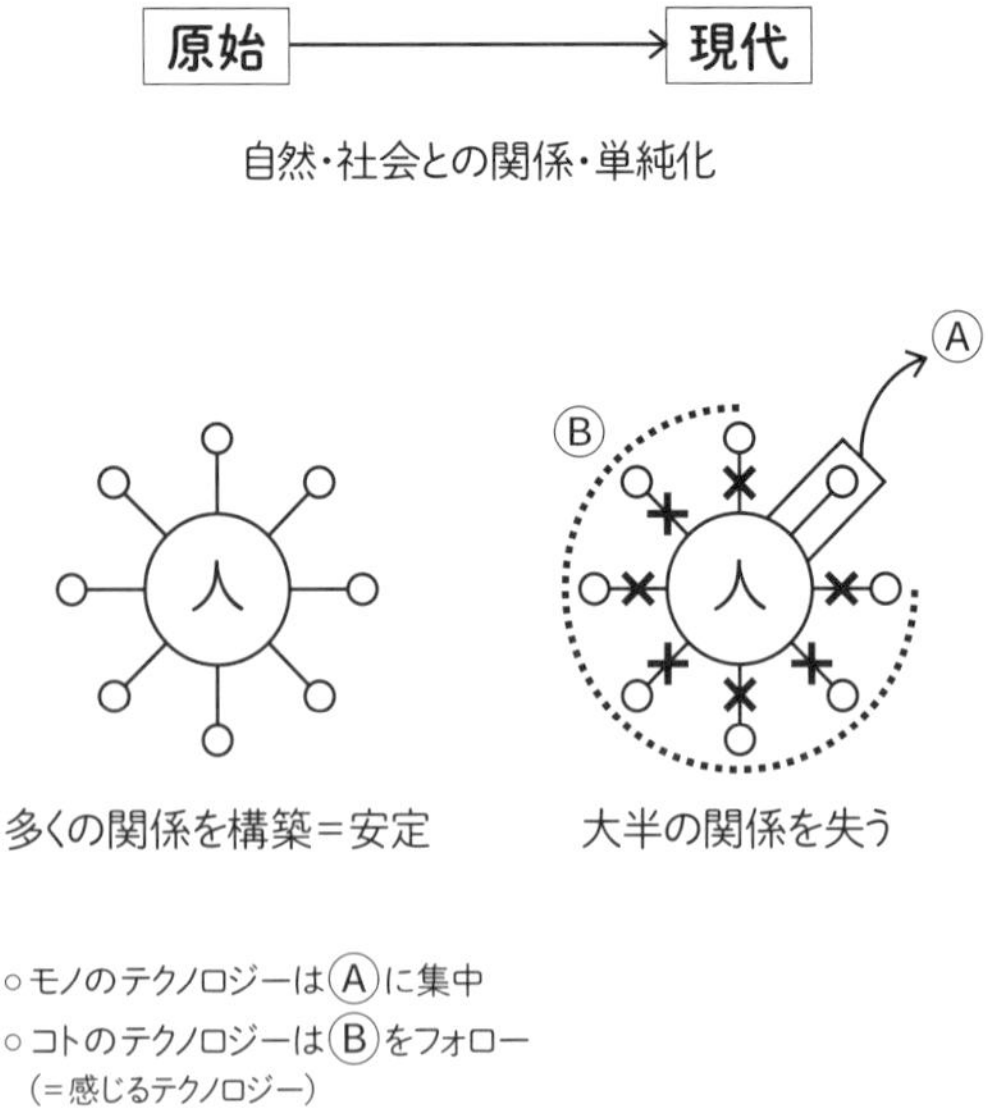

モノのテクノロジーとコトのテクノロジー

この二つのテクノロジーの間にも「バランス」がある。

「明確な答え」と「感じること」。

その両者のバランスを、かつては陰と陽と言った。

環境問題にもこの「バランス」があることを提唱した人間がいる。

二十世紀初期のノルウェーの哲学者アルネ・ネスである。

彼は「シャロー・エコロジー」と「ディープ・エコロジー」に区別した。

「シャロー・エコロジー」とは人間中心主義的な考え方のこと。人間が自然の外部にあるとみる。切り離すことで冷静に、環境の負荷を考慮し、問題を明らかにし、ピンポイントでその問題を解決することを考える。新たなテクノロジーを駆使して、人が自然に適切な作用をする。このような立場を「シャロー・エコロジー」と言う。身近な例で考えれば西洋医学だろう。人間の臓器の機能を確認し、それを最適化することを考える。最適化された臓器の総和が、より良い健康状態であると考える、という立場だ。つまりモノ的世界観だ。

「ディープ・エコロジー」は、人間を自然環境から切り離さない。根本において相互に結びつき依存し合うと考える。人と自然は一体であり、「生命システム」は統合された全体であって、構成する「部分」の性質で説明することができない。だから内臓も人間のシステム全体も、また人間と自然もすべてがつながっている、という立場だ。宗教的・霊的な見解にもつながる。環境問題については、日常において何を「感じ」行動するか、ということになるだろう。これはコト的世界観だ。

この二つの立場が「バランス」を保った「進化」「深化」を遂げることができれば、環境問題も劇的に解決されてゆくことだろう。一方に偏らないためには、個々人の「想像力」が必要となるのだが、「個人」は弱い。自由ですら重荷になるほど弱い。だから信宏さんの「サポートしてくれるテクノロジー」が必要となる。

信宏さんの「サポートしてくれるテクノロジー」、それは「柔らかい」。

運・縁・恩のリンクも「柔らかく」回る。

「コト」も実体が感じられないほどに「柔らかい」。

デジタルタコグラフ自体は「モノ」である。

しかし多種多様なコミュニケーションを与え、個人の弱さをサポートし、万物との複雑な関係を再構築する「コト」である。

つまりは「感じる」テクノロジーなのだ。

途中がない

浅羽計器のテクニカルマネージャー、秋山二三男氏に話を聞いた。

秋山氏は、信宏さんがデジタルタコグラフを浅羽計器の主流にしてゆく時に、コンピュータの専門家として招かれたエンジニアである。

エンジニアという言葉からイメージする姿は時代によってまちまちだが、現代的に言えば「マニア」と言った方がいいのかもしれない。少なくとも、「この技術で食べていく」などということは、これっぽっちも考えていなかった。そんな人物である。

入社は一九九七（平成九）年。

世の中ではWindows 95が普及し、オフィスでもワープロからパソコンへ、ファックスからメールへ……携帯電話もまだそこまで普及していないという時代。秋山氏はさらにその十年ほど前からすでにMacユーザーであった。

「最初はSE／30ですね。あの時代、写真を見るなんてMacにしかできなかったので。ソフトバンクが創刊した雑誌の記事も大半がゲームソフトについて。パソコンは好きで触るだけ

秋山二三男氏

で、こんなもんに将来性があるなんて誰も考えてなかったんですよ」

あんなことができる。

こんなことができる。

その驚きと興奮だけで、大阪・日本橋の家電街なんかをうろうろしながらパソコンを触っていた。

一緒に遊んでいたのが、信宏さんの叔父、秀典であった。

生まれ育ったのは会社の隣町、海老江。

近所には鉄工所が軒を連ねている。鉄屑だらけで車もパンクが怖くて走りたがらない。そんな場所だ。近所の子どもと一緒に、幼い頃からそんな現場で遊び続け、中学では電気溶接などもしていた。エンジニアとしての技術は一流。しかしその技術を支配していることは「好きか嫌いか」。

「カードを差し込むだけで、走行データが読み取れて、自動的に日報ができる。そんなこと、できひんやろか」

信宏さんからの相談はいつも「無茶振り」であった。

「できんことはないけど、お金がかかるよ」

すると信宏さんのお父さん、先代社長が助け舟を出す。

「お金はかけたらええ。できるんやったらやってみ」

そんなことの連続だった。

ときには、あまりの無茶に喧嘩をしたこともある。

「そんなもんできるか！」

大声で怒鳴り返した。しかし、家に帰って夜になると、なんだかんだ言いながら、その無茶振りに対する答えを考えようとしている自分があった。

「無茶やけど、楽しかったんです。でもね……そろそろ僕らでも手が出せない。そんな時代になってきてますね」

寂し気に言う。

「組み合わせて何をさせるかを人間が考えるのではなく、コンピュータに何を命令させるのか。その命令をどのように組み合わせるのか。いまはそんなことをプログラムする時代なんですよ」

例えば自動車。

自動車はどうして動くのか。

エンジンの構造はどうなっているのか。

かつて車を運転する人間は、そういったことをある程度知っていなければいけなかった。知っていることで、日頃の点検や走行中の故障に対しても、何をチェックし、どのように対処すれば「動くようになるのか」を想像することができた。

これは自動車だけではなく、他の機械もそうだった。時計、ラジオ、テレビ、場合によってはパソコンですら、具合が悪くなった時に「中を開けて組み直したら動いた」というケースは多々あった。

しかし、いまは違う。

動かす命令をコンピュータがしている。

こちらは規定の操作以外、何も許されていない。

車はアクセル・ブレーキを踏むだけ。

仮に中を開けても、電気自動車はエンジンではなく、モーターが顔を出す。

モーターを動かしているのはコンピュータ。

そこで終わり。


「怖いなと思うのは、『なんで』がなくなることなんですよ。モーターは動いて当たり前。車もアクセルを踏んだら走るのが当たり前。Wi-Fiもつながって当たり前。だから若い子らは新しいもんをパパっと作りますよ。『これとこれがあるやん』って感じで。理屈抜きでね。

いまは、中国なしでは何もできない時代ですよね。車に関してもその通りで、モーターは中国製が性能もいい。対してエンジンはいまだに日本が随一です。中国の発想だと、『エンジンなんてもういらない』ということになるでしょう。市場的にはそれは正しい。

でもね、途中が抜けているんです。だから、一つでも狂うと全部が狂う。『パソコン壊れた』

と言う時に、『そしたら手で入力したらええやん』とはならない。想像もできない。最近流行りの自動運転もね。なんか『途中』の抜けた話だと思うんです。想像してみてください。自動運転で北新地は走れないでしょ。人だらけなので、車は停止してしまいますよね。だから高速とかに限定されてしまう。でもね、もしもですよ、決まった道を走るのなら、何も車で行かなくてもいい。それこそトロリーバスでいいじゃないですか。『途中が抜ける』『なんでが消える』と、人間は無駄なことばかりを考えるようになるのかもしれません」

ちなみに信宏さんについては？

「頭のいい人なんだと思います。あれだけしゃべることができるし。ああいう人が世の中を引っ張っていくのだと思う」

反芻

雑感③

「途中が抜けている」

周りを見れば、そればかりだと言っていい。

料理も、洗濯も、掃除も。

レシピ通り、機械任せ、説明書通りにやれば、できて当たり前。そして不測の事態に対応できない。何を作るのか。何をしたいのか。それらは本来どうやって完成するのかをイメージできていれば、何かが多少不足していても、機械が動かなくなっても、道具が揃っていなくても「できる」。

歴史も。

大大阪の繁栄を考えるのに、「途中」＝大阪砲兵工廠が抜けていれば、構造が見えない。「天下の台所だった大阪だから繁栄した」が当たり前の前提なら、一つ過程が狂うとお手上げ。

現代の単純化も同じだ。

そこに至る「途中」を見失い、それが当たり前となれば、お手上げになってしまう。

「途中の空白」をサポートするのも「感じる」テクノロジーであり、そのテクノロジーが例えば「デジタルタコグラフ」であるならば、コミュニケーションの幅を広げることで、社会との関係性を重層的にする「コト」を与える。

つまり、「感じる」テクノロジーの基本的な機能の一つは、道のりを教え、空白を埋めてゆく「対話」を与えること。

信宏さんはスカイダイビングをして、地球が丸いことを実感したと言っていた。

きっと無数の「対話」が、そこにはあったのだろう。

多種多様な対話を可能にするのは、想像力だ。

スカイダイビングは、怖い人には怖い。

なぜだろう。

「人間は常に肉体を必要としている」という発想が当たり前だから。

でももし、想像力をどこまでも自由にできるのなら、この「当たり前」にも「なんで」が伴う。

肉体を離れる。

それは感じるしか手立てがない。

信宏さんのスカイダイビングは、それを表現したものだったのかもしれない。

ならば……

一体、彼はそこで何を見たのだろう。

三

白の季節

――みのり

ビジョン

少し寒くなった。

体調が優れない。コロナウイルスに感染しているわけではない。検査もたびたびしているが、いずれも陰性である。

「感じる」ということを考え続けているからかもしれない。

「感じる」は考えてはいけないことなのかもしれない。

「お母さん」の本は、明確なメッセージを持たない、散文詩の集合体として綴ることにした。「対話」の生み出す波動。現代に抜け落ちている「途中」。それを描くとどうなるだろう。

そんな個人的な興味も相まって、あえてそうしてみた。

いざ書き出してみると、なんというのか、曼荼羅のようなものになった。

この手法も、文筆における「感じる」テクノロジーなのかもしれない。

＊＊＊

夕刻、野田に向かう。

——家業に従事する前は？

「学生時代はありとあらゆるアルバイトをしました。一九九〇年前後というのは、バブルの名残の時代でもありましたのでね。居酒屋、バー、焼き鳥屋、運送業、それからオープンしたての天保山の海遊館でかき氷なども。同時に資生堂の化粧品販売もしていました。畳一畳のスペースで日に六十万の売り上げを出し、全国一位になったんです。徐々に時給も上がるし、販促用の景品ももらえるしと、なかなかいい環境になっていったので、このまま資生堂に就職しようかとも思っていました」

——資生堂ではなく、家業に舵を切ったきっかけは？

「『畳一畳で六十万もいいけれど、何億につながる商売も面白いとは思わないか？』と言ってくれた人がいたんです。矢崎総業の白鳥さんという営業部長でした。彼に誘われるまま矢崎の敷居を跨ぎました。すでに机も用意されていたのでね（笑）。選択肢はなかったのかもしれませんが。
結局この白鳥さんに『人間味で包み込むような社会』のあり方を教えてもらいました。そして故人となられたのですが、若林さんという方に、『甘えなんて一切ない数字の世界』を叩き込んでもらいました。ただそれ以上に大切であったのは共通の意識を持つという、チームとしての動きの重要性を教えてもらったこと。彼らに指導を受けたのは僕一人ではなく、年齢こそバラバラでしたが一緒に学ぶ『同僚』がいたんです。彼らとともに過ごしたこの時期のことが、あのときも、いまも僕の中で生きているように思うんです」

目下力を入れているドライブレコーダーの話になる。

「時代の流れというのは、本当に大きな力を持っています。『アナログとデジタルはまったく違いますよ』ということを、ドライブレコーダーの場合はいちいち説明する必要はありません。その必要性、可能性についてはワイドショーなどが報道してくれますから。『煽り運転』だとか、諸々の交通事故とか——それを見て、営業先の会社さんは『ああ、浅羽が言っていたことか』と、自然と思い出してくださる。

さらに信頼関係が濃くなってくると、各空港のリムジンバスさんが、ＧＰＳ搭載などの文言とともに浅羽のステッカーをバスに貼って運行してくださったりもする。これも『時代の流れ』の持つ独特の作用でしょう。

ドライブレコーダーの流れを言えば、二〇〇三（平成十五）年、タクシー業界を皮切りに普及し始めました。この『社会の動き』に私たちも便乗しました。しかし、当時の製品は録画時間も長くありません。『ドンッ』と一定の衝撃を受けた時だけ録画するというものでした。当然『撮れモレ』が起きます。例えば止まっているバスの横を、自転車が擦って行った。その程度のショックでは撮れません。お客さんからは『撮れてないやん！』とよく怒られたものです。

そこから五年が過ぎる。カメラもカードも著しく進化していきました。カメラの画素数が上がり、カードのデータ容量が格段に上がったのです。また価格も下がった。その結果、常時録画できるようになりました。カメラの数も二つ程度だったのが、いまは六つ。こういったテクノロジーの発展も『時代の流れ』の作用です。それが、謂れなきクレームから我々を解放してくれたし、また信用も普及も後押ししてくれた。もちろん抵抗もありましたよ。『四六時中監視されるのか』といった具合に。でも最終的には理解してもらえました。導入することで、乗務員さんを守ることができるのだからという点を、『共通の意識』として持つことができたので。

この『共通の意識』というのは、いまよく言われているDX（デジタル技術を用いることで、生活やビジネスが変容してゆくこと）の要《かなめ》となる部分ですよね。例えばカメラで収集するデータ。その量は膨大です。この大きくなったデータを人工知能の能力を借りて『文脈』を読み取ってゆく。もちろん最初は人工知能も『文脈』を読み誤るでしょう。しかし学習を通して整えてゆく。その『文脈』をもとに新しい体験を提示し、新たな需要を生み出してゆく。例えば、長時間の運転や、運転者の疲れた表情をカメラが感知するなどして『パパ、頑張って。安全に運転してね』といったアナウンスを子どもの声でするようになる。人工知能が判断をして、その人に関わり合う。そんなふうにDXを理解していますが、この『新しい体験』の根底には、人々が互いに共有できる『共通の意識』がある。それが『人の幸福』につながっていれば、自然に広がっていくでしょう」

――時代の流れについて、もう少し教えてください。

「祖父は時計屋が街から消えていく姿を予見していました。時計屋の主な業務の一つは修理でした。それだけ頻繁に故障していたのでしょうね。ところが時計が故障しないことが当たり前の時代になっていた。だから予見できた。教訓だと思います。

浅羽も元は、自動車関係の修理が専門でした。具体的には矢崎総業の製品をメンテナンスするのが原点です。でも、祖父は時計屋の光景を見ながら、『修理だけではいずれだめになる』と考えていました。で、最初に目をつけたのがフォークリフトです。昭和四十年代。当時のフォークリフトにはスピードメーターがなかったんです。まあ、いまだに『ない』場合が多いのですが……。時速何キロで走っているのかがわからないので、けっこう危ない。そこで祖父はタイヤにローラーをつけ、五キロの時は緑ランプが点灯、十キロで黄色、十五キロ以上で赤。そんな機械を開発したんです。これって一種のコミュニケーションですよね。人とモノをつなぐことで、新たなコミュニケーションを生むというこの発想は、いまの浅羽計器にも継承されています。例えば矢崎総業の製造する機械と他社のカメラとを連動させるだとか、矢崎総業のパッケージシステムではフォローできない部分を、顧客の要望に応じてカスタマイズするだとか。プログラマーでも、エンジニアでもなく、これまでなかった『つながり』を生み出すシステムコーディネイターであるという浅羽計器の本道は、ずっと受け継がれているんですよ」

――つまり浅羽計器の基本は、お客さんの「要望のヒアリング」だと。ただ、時代の変化の中で、内容も、方向性も、法律もずいぶん変化していますよね。初代の言っていた「小さな情報、大きな商い」という言葉。その「小さな情報」も、意味することが現代はずいぶん変質しているのでは？

「たしかに。あの時代は営業先の猫の名前まで覚えておかなければという教訓でした。それがデジタル化的な発想であれば、猫の名前の統計化が可能になるので、『最近、こんな猫の名前が流行っていますよ』といった次の提案ができる、そんな感じに情報の内容も質も変化していると思います。言い換えると、『小さな情報から大きな商い』への変換の手前に、ビッグデータがある。ビッグデータは基本、人間が処理できない規模のデータです。もちろん飼っている猫の名前を覚えるというセンスは必要ですが、データの扱い方は変えないといけない。統計化できるということは、逆にそこまで正確でなくてもいいということです。誤差は後で修正するので、とりあえず形にする。いまの方がちょっと大雑把な発想だとも言えるでしょう。『こんな猫の名前が流行ってますよ』という提案が、ズバリの答えになるわけでもないです
し、サイネージが常にドンピシャのCMを流してくれるわけでもない。『大体こんな感じ』というところですよね。でもそのぶん、コミュニケーションの幅は広くなったとも言える。コミュニケーションの幅が増えることで精度を上げてゆく。人工知能がミスを『食べて』進化し

てゆく。いまは構造的には進化の仕方に変化が起きているように思いますね」

――具体的には？

「初期の精度は滅茶苦茶でも、徐々に人工知能が学んでゆき、例えばアプリなどを利用して、物流の『たしかに運んだ』という実績だけではなく、到着時刻の『予定』、つまり相手の希望する時間にどれだけ正確に輸送できたのかをデータ化することができるようになりました。この実績と予定のデータから、改善基準を提案することも可能になります。現状の『予定』がはたして現実的、効率的なのかどうかといったことですよね。またバスなどの場合、コロナ禍で減った乗客に対し、どのようなダイヤを組むのかということや、乗降人員をカメラが認識し、過密度をアプリで表示すること。過去のデータを分析して『車のバックでの事故は、バックギアを入れてから五秒以内に発進する人が多く起こしている』と判断し、それを運転時にも進言するといったことも、この範疇に入ります。ただ提案や進言だけでは、対話、コミュニケーションにはなりません。それら単体ではモノのまま。人と社会と結びついて初めてコトになる。さらにはコトに人の想像力が結びついてモノガタリとなる。なので、『人とともに』『コトを売る』『モノガタリにする』を成立させるうえで猫の名前を覚えるという原点のセンス、いわばこちらの想像力ですよね。これがデータの扱い方への対応とともに、より大切になっているんだと思います」

――そしてそこから見える先見が大事と。

「そうです。先を見続けないと、変化には対応できません。誰かがやっているのを見てから対応していては遅いですよね。スピード感を持って、先見というか、先々身をもって準備をしてゆくという段取りでなければと思っています」

――ドローンにしても、アプリにしても、浅羽の先見は間違っているとは思わない。なぜ間違えないのでしょうか？

「失敗の山ですよ。殴られて強くなっているのかもしれません。でも、性分として失敗しても動き続ける。ビジョンのためにアンテナを立て続けてゆく。立て続けるパッションを燃やし続ける。そんな一連の『動き』を続けないと死んでしまうと思っているので。そうしているうちに、一つの成功を見出すと、それを徹底的に深めていこうとする。『先見があった』のではなく、先を見るために走り続けているだけです。ドローンだって、ようやく国の認める免許制度になったけれど、それが発表されるまでは周囲からネガティブな声も聞こえていましたよ。意味があるのかとか。講習の費用が高いのではないかとか。でも高くてもいいんです。技術が身につけば離れませんし。それよりも早く着手しておくことが大事です。変化に対応できるようになるわけですから。だから『先見』というのは本当は予見ではなくて、目の前のことを一生懸命やる、そのスピードが速いだとか、ずっと動き続けているといったことを、かっこよく表現している言葉なのかもしれませんね」

――そこには運もある？

「運と縁は連動しているので、僕はできるだけ多くの人と交流するよう心がけています。昔は一度出会えば、名前も顔も完全に覚えていたのですが、このところ年齢とともに名前と顔が一致しなくなるケースもあります。そんなとき、『ああ、この人はこういう感じだな』という引っ掛かりがあれば、取りこぼしが少なくなる。それができるためには、ベースとなるパイが広くないとね。積み重ねによって、変化に対応する基礎体力を養っておくというイメージです。

そういえば、次男に褒められたことがありました。出会った人が仮に自分の思い通りの行動や発想をしなかったとしても、大事にしなければいけない。『人は皆師なり』。無用の人などいない。誰でも一つでいいから、いいところを見つけておいて、そこで付き合うべきだ。切り捨ててはいけない。そんなことを僕が言ったのだとか。その結果、すてきな彼女ができたと喜んでいました（笑）」

相棒

昭和四十〜六十年代、映画やテレビ番組で、型破りの二人組みをテーマにした作品を楽しんで見たものである。例えば、アラン・ドロンとジャン＝ポール・ベルモンドの『ボルサリーノ』、ポール・ニューマンとロバート・レッドフォードの『明日に向かって撃て』、『刑事スタスキー&ハッチ』、『傷だらけの天使』、『噂の刑事トミーとマツ』、『あぶない刑事』、『ビーバップハイスクール』などなど。そんな一シーンを思わせる「相棒」が信宏さんにもいた。矢崎エナジーシステム株式会社の佐藤光浩氏である。

信宏さんが資生堂を離れ、矢崎総業に出向していた時代。ともに営業販売という戦場で戦った仲間である。佐藤氏の郷里は静岡。高校を卒業して拓殖大学に。そこでボクシングを学び国体にも出場した。絵に描いたような「硬派」で、曲がったこと、筋の通らないことが大嫌い。特に「人間性を蔑む」行為を最も憎んでいた。

上司の命令でも唯々諾々とは行かない。やれと言われたことはやるが、筋が通らなければ噛みつきもする。水戸の支店にいた時には上司に恵まれず、常に嫌味と嫌がらせの洗礼を受け続けた。あるとき堪忍袋の緒が切れて、社内の食堂に上司を呼びつけると

「僕は会社を辞める。辞める以上もう上も下もない。だから気にせずあんたを殴りつけることができる。選んでくれ。僕に殴られたいか、それとも土下座するか。いまここですぐに選べ！」

結果的には仲裁が入り、上司は土下座することもなく、命拾いしたという。

万事が万事、真っ直ぐな武士道を歩いてきたこの人の前に、突然現れたのが信宏さんであった。当時二十歳そこそこの信宏さん。髪型はツイスト。佐藤氏の第一印象は「チャラチャラした兄ちゃんだな」というところ。大阪に配属されただけでも、空気の違いに戸惑っているのに、この「兄ちゃん」とこれから営業の勉強をすることになる。これが二人のドラマの始まりであった。

「彼から僕は本当に多くのことを学んだんです」

佐藤氏曰く。

関東での営業は「矢崎」の名前で仕事ができた。その名を言えば、なんの説明も必要としな

いし、契約をしてくれる可能性も高かった。ところが大阪はまったく違っていた。勝負は提案内容と、提案する人間の魅力。そこへくると、この「兄ちゃん」は大変な威力を発揮する。相手がどんな雰囲気の人間でも、瞬時にその心を掴んでしまう。また外見は「チャラい」のに、仕事については恐ろしいほどに厳しく、真面目。休むことを知らない。朝から晩まで仕事のことばかり。仕事を終えて二人で飲んでいても、気がつくとテーブルの上にあった紙という紙に戦略を書いている。

「反省もありましたね。メーカーというのは販売会社によって守られている。営業の現場でどのように戦い、どのように苦しんでいるのか。その不断の努力によって、どのように自分たちが生かされているのかについて、メーカーの人間は知らない。知らないでいて、平気でいる。だからいいものを作ったつもりでいても、お客さんによっては『ちょっと合わない』微妙なズレがあったりもする。そういったことをきちっと聞いて、きちっと理解して、微調整をしてゆく。それこそ販売会社の真骨頂であり、人間性が問われる部分なんだと、彼から教えてもらったんです」

難攻不落の企業を相手に、何度もアタックを仕掛けるも、うまくいかず挫けそうな時もあった。そんなとき信宏さんは笑いながらこう言っていた。

「やってやれないことなんて、絶対ないから！」

当時の上司も良かったという。上司は二人を信用し、「お前らの考えることに間違いはないから」と、好きにさせてくれた。おかげでその「城」は見事陥落した。


しかし二人のコンビはたった数年で終わる。

秀典の急逝で信宏さんが「本社」に戻ることになったのだ。


あれから四半世紀が過ぎ、いま、佐藤氏は後進の指導をする立場にある。

「どうして販売会社のことを知る必要があるんですか？　それ、僕の仕事ですか？」

そんな声を若い社員から聞かされるたびに、ため息をつく。

コロナ禍の中でテレワークが浸透し、それまでの部下たちの「やってますよ」が、本当は何もやってないのと同じなんだということが、赤裸々になる。

「やってやれないことなんて、絶対ないから！」

その言葉がふとよぎる。

「僕にはやっぱり、現場の方がいい」

オリジン

「畳一畳で六十万もいいけど、何億につながる商売も面白いとは思わないか」

信宏さんにそう言った白鳥栄治氏に会う。

年齢を思わせない爽快な男性。眼力が強く、エネルギーの迸《ほとばし》る人であった。

コロナ禍であるにもかかわらず力強い握手をする。そこから伝わる温かさが、ここ数年忘れていたものを思い出させてくれる。

――ああ、この人なんだな。

「浅羽信宏」を生み出したオリジンを見たような気がした。

包み込むような笑顔で、話を切り出す。

白鳥栄治氏（左）と浅羽信宏氏（右）

「昭和三十六（一九六一）年に入社して五十年。海外の勤務もあり、国内も九州、大阪、東京に赴任した。それらを総じて見てみると、やはり営業をやっていた時のことが一番印象に残ってるんだよな。とにかく人間との付き合いというのが面白いんだよ」

そう言ったうえで、こう付け加えた。

「景色のいいところではね、営業はダメなんだ。人と人とがガンガンぶつかる場所でないと面白みがない。タイに八年行った後、九州で営業デビューしたんだけれど、九州は風光明媚な観光地でしょ。営業という面では面白みはなかった。営業らしい営業ができたのは唯一博多だけだったと思う」

その後赴任した大阪。白鳥氏はそこで強烈な衝撃を受けたという。

「大阪はすごいところでしたね。売る側が『買《こ》うて要《い》らん（無理してまで買ってもらわなくていい）』と言うんだよね。こんな言葉はね、全国どこにもない。これは買い手も売り手も対等な対話をしている証拠なんだよ。それからね、買うと決めた時にも『あそこ（それまで同系列の取引をしていた会社など）を通してくれ』と言う。不義理のないよう、ちゃんと筋を通してほしいということなんだよ。そんな人情も生き残っている。人が好きなんだろうね。例えばいろんな社長さんや重役の方にもお会いしたけれど、社内では『××社長』『○○部長』なんて言い方はしないんだよな。苗字じゃなくて名前で呼び合うんだ。衝撃だった。だから浅羽さんとのお付き合いでも、先代は『信さん』、弟さんは『秀さん』。どれだけ社長になっても浅羽信宏さんのことは『信くん』だもんな」

白鳥さんが大阪にいたのは十年。その間義三、信允、信宏三代にわたって親しく交流をしたという。信宏さんのことは子どもの頃から知っている。研修も彼の将来のことを思ってのことだったのかと尋ねてみた。

「あれはね……全国の販売店の総会だったと思う。大阪にまだ赴任したばかりだったので、さあこれからどうするかなと考えていた時だ。その会でね、東京の矢崎の中でも特に影響力がある三つの販社の社長が『おい白鳥、ちょっと来い』って言うんですよ。で、行ってみたら『大阪は何をやってるんだ』と営業成績のことで居丈高に文句を言ってきた。それで頭に来てね、大阪に戻るなり『信さん』に相談したんだ」

時期的にはちょうどタコグラフがデジタル化になる、その直前であった。ワイヤーハーネスの販売を主力にしている東京に、なんとかここで差をつけたいと考えた。それに対する信允の返事は「現状では人が足りない。まずはそこからだ」であった。

当時矢崎本体にも、デジタル化に関する知識を兼ね備えた営業力のある人間は少なかった。となれば大阪の販売店と連携し、人材育成をしてはどうか……そこで浅羽を含むいくつかの販売店から、矢崎に出向することになった。そのメンバーの中に信宏さんも混じっていたのであった。

「しかしね、この研修については社内で賛否両論あったんだ。矢崎の人間と同じように出社し、机を並べて仕事をし、伝票を書けば、どんな数字で営業をしているのかすべてがわかってしまう。『お前は馬鹿か！』と言われましたよ。でもね『これは人間と人間の心と信頼の問題だから、関係ない』と言い返して強行したんです」

出向してきた人間の中で、最後まで残ったのは信宏さんだった。一人残ったことで、「浅羽だけ特別扱いか」といった、「嫌な」空気もあったという。そんな最中、信允がすぐに空気を察知して言った。

「おかしな空気があるようなら、いつでも引き上げさせるよ」

それは彼なりの白鳥氏に対する気遣いでもあったのだが、白鳥氏は「目的は一つなのだから」と最後まで貫いた。


その結果——

当時浅羽計器は矢崎総業からの仕入れが月百万、年間一千二百万であったのだが、現在は五億から六億にまで成長している。その礎となったのは、この時期の研修であった。矢崎の掲げる「先見」。白鳥氏はそれを実践する猛者と言わざるを得ない。

当時、信宏さんの将来などをどう見つめていたのかと尋ねた。

「僕は人を見るとか、試してみるとかいうのは好きじゃなくてね。直感なんですいつも。仕事を一生懸命する人間ほどストレスって溜まるんですよ。愚痴を言ってくるやつもいる。そんなときに必ずこう言うんです。『心配するな。絶対誰かが見ているから。見ている人は誰かわからないし、詮索する必要もない。でも一生懸命やってたら、必ず報われる日が来る。つまらないことを気にするな』と。僕だって振り返れば、ここで仕事をして幸せだったと思う。そう思えるのは、やっぱり誰かが見ていてくれたからなんだと思う。一生懸命やって報われれば、見ていた人も報われる。そんな循環があるんだ。信くんも一生懸命だった。それだけですよ」

信宏さんの基本哲学。

運・縁・恩。

そのオリジンは、どうやらこの人にあったようだ。

そして白鳥氏も、信宏さんのことを「見ていた」誰かであった。

「正直に言うと信くんのことが、僕は大好きなんだ。好きになったのは、秀さんの葬式の時。まだ秀さんの娘さんたちは幼かった。長い葬式の間、じっとできないよね。その子どもの面倒を一手に引き受けて、あやしたり座らせたり……あれを見た時にね、すごい男だなと心の底から思ったんだ」

大阪時代に白鳥さんは思い切ったことをした。原価に、ごくわずかな取り付けの料金のみをのせて機械を売ったのだ。でなければ関西地区のタクシー業界のシェアを広げることがなかなか難しかったのだ。このことが東京での支社長会議で大いに問題になった。

「たくさん売っているのに、利益がないのはどういうことだ」

大阪の支社長は状況を確認し報告することとなった。

支社長は東京での会議を終えて新大阪に戻ってくると、白鳥氏に「すぐにこっちに来い。飯を食おう」と電話してきた。

さすがに白鳥氏も怒られることを覚悟して新大阪に向かった。ところが支社長は大いにご機嫌であった。社長からシェアを奪う先見と、そのための英断を褒められたのだそうだ。そしてさらに社長は他の会議出席者たちに「場合によっては、これくらい思い切った判断が必要な時がある」とも述べたという。

その後、東京に赴任した時に、たまたま大阪で意気投合した仲間がいて、同じ方法で多くの契約をとった。ところが東京の販売店に取り付けをお願いすると、皆、その値段ではできないという。困った白鳥氏を救ったのが、浅羽計器であった。大阪から駆けつけ、夜通しかかってすべてを取り付けたのだ。大阪のメンバーとともに駆けつけたのは北関東と仙台。これは信宏さんの「相棒」佐藤氏のグループであった。

最後に思い出したように白鳥氏はポツリと言った。

「リタイアすると、肩こりがなくなったんですよ。現役時代はずっと肩こりがあって。その話をするとね、どうしても思い出すんです」

それは秀典のこと――

「あの日ね、あんまり肩こりがひどいんで、信さんと一緒に浅羽計器の近所のハリに行っていたんですよ。で、そのハリをしてもらっている最中に、近くで救急車の音がした。僕が先に終わったんで、『戻っててていいよ』って信さんが言ってくれた。そのまま浅羽計器に行ってみたら、救急車が止まっていたんだ。まさかね……。秀さんがね……。これもご縁というのかもしれないね」

信宏さんが矢崎を「卒業」する真の瞬間に、白鳥氏は立ち会っていたのだった。

戯れ

誰もがまだ将来性を感じていない部門を深めてゆく――それは先見ではなく、「不断の動き」。なぜ動き続けるのかと問えば「変化に対応できるようになるから」。そんな信宏さんの話を聞いていると、何やら戦国武将の話を聞いているような気になった。

あらためて遠江の浅羽家のことを記した本を読み直す。

「途中が抜けてはいないか」

それを確かめるために。

物語として「途中」を埋めてみた。

桶狭間の合戦で義元を討たれた今川家。氏真を新たな主人としたものの、家臣団の足並みは揃わない。なかでも松平元康（徳川家康）は岡崎城に入城、早々に独立し、三河の諸勢力を今川から切り取って徐々に力を大きくしていった。

さて、遠江国に浅羽庄という地があった。この地を実質束ねていたのは浅羽一族。武蔵七党をルーツとし、藤原家の血縁でもあるという。神職をも兼ねる存在でもあったがゆえ、土地における信用も根強いものがあった。とはいえどれほど民に慕われようとも、浅羽一族にとって「生き抜く」ことはこれまた至難の業であった。これまで源平、鎌倉、室町、南北朝と時流を読み取ってなんとか生き抜いてきたのだが、いままたここで決断の時を迎えていた。

今川の家臣であり続けるべきか。

それとも徳川につくべきか。

この地に根を張って久しい浅羽家。いくつかの勢力に分かれていたが、これまでその多くは今川家に従属してきたのであった。なかでも、後世に名を残しているのは高天神城の主となったこともある浅羽幸忠。その流れを継ぐ、この時期に浅羽を代表する人物といえば、今川家家臣・松井宗恒の配下として、鎌田御厨《かまだのみくりや》や二俣などを治めていた浅羽新三郎であった。新三郎とつながる者の中に、これも今川家の家臣として三河方面の所領を預かっていた浅羽三太夫という武将がいた。三太夫は他の家臣同様、上司である菅沼定盈《さだみつ》に、今川家に対する人質として妻子を預け、定盈はそれらを当主氏真に預けていた。ところが徳川家康の力が強大化すれば、定盈は家康陣営にさっさと鞍替えをしたのであった。

永禄五（一五六二）年のことである。

「定盈様が徳川についたと……いや、しかし、それでは……」

見る見るうちに顔色を失ってゆく三太夫を前に、定盈の使者は言葉に窮した。とにかく主の言葉を告げるしかなすすべがない。

「これも世の定め。悪く思わんでくだされとのことでございます」

「せめて一言言ってくだされば……」

「それもお察しくだされればとのこと。いずれにせよ、この時流において東三河における我ら、いま徳川に与せねば必ず攻め入られる。そのとき、今川家に援軍を出す余力はない。見捨てられるのであれば、こちらから先に見限る。選択の余地はないとのことでございます」

三太夫に言い返す言葉はなかった。すでに徳川は武田とも手を組んでおり、じきに武田が駿河を、徳川が三河遠江を攻めることは間違いがなかった。氏真にはそれに耐えるだけの力はない。また今川と同盟している関東の北条も、武田との衝突は避けたい。氏真に援軍を出すことは控えるであろう。

北条は氏真に嫁がせている娘を見捨てる。

武田は嫡男に嫁いでいる今川の娘を実家に返している。

それ以前に織田との盟約のため、嫡男を殺している。

いずれも皆、家族を犠牲にしつつ、その立場を守っているのだ。ならば定盈が家臣団から預かった人質を見捨てたところで、それを誰も責めることはできない。それでも三太夫には煮え切らぬ思いがあった。

「せめて、妻との別れ……煮え湯を飲むにも、耐えるいとまが欲しかったのだが……」

ぐっと固く握った拳で幾度も床を叩いてみた。

音は部屋の中に響いた。

ただ本来なら音を立てて落ちて然るべき涙が、どういうわけか一滴も落ちてこない。

いつまでも乾いたままの顔をぱんぱんと何度も叩くと、三太夫は「あいわかった」と一言。

使者を下がらせた。

氏真は激怒していた。

しかし、定盈の裏切りを知らされた時は、声を荒げるでもなく、使者を斬るでもなく、ただ静かに「左様か」と言うのみであった。使者に対しては「世話になったのう」と言って、土産まで渡したという。家臣たちはその様子を見て、運命を懸命に受け入れようとする氏真に同情しつつも、主の懐の深さを心の中で誇りに思ったのであった。

だが――

使者が帰ると氏真はすぐに家臣に命じた。

「定盈から預かっている人質どもを連れまいれ」

ずらりとならばされた人質、その数十三名。

氏真はそれらの顔をじっと見つめた。

見つめたまま、いつまで経っても氏真は何も言わない。

痺れを切らせた家臣の一人がにじり寄って尋ねた。

「御館様、いかがいたされましたか」

氏真はふむと軽く頷く。

「なんでもない。彼らの顔を見てみたかっただけだ。人というのは、一寸先の運命を恐れるもの。はたして自分たちは助かるのか、それとも殺されるのか、とな。そのような時に人がどのような顔をするのか、それをこの目で見ておきたかっただけだ」

「お下知を」

すると氏真は、とても奇妙なものでも見るかのように、家臣の顔を見た。家臣は思わず唾を飲み込んだ。

「殺すに決まっておろうが。それ以外になんとせよと申すか」

「恐れながら……定盈の一党、皆一枚岩とは限りませぬ。ここでもし、人質を返してやれば、御館様のお心に打たれ、こちらに帰ってくる者もおりましょう。例えば浅羽三太夫などは、遠江に広く一族を有しておりますれば、それらが皆結束し御館様に忠誠を誓えば、この形勢も変わるやもしれませぬ」

氏真は持っていた鉄扇をパチリと閉じた。

「本気で言っておるのか」

言いつつ立ち上がると、壁にかかった花入を扇子で叩き割った。

「この割れた花入に、優しい言葉をかけてやったとしても、もはや花入は元には戻らぬ。一方的に傷つけられた者が受けた傷は、この花入同様、決して元には戻らぬもの。定盈はわしの心をかくまで傷つけたのだ。その代償をどのようにして払わせるべきか。あまりの傷の深さに、まだ答えを出せずにおった。だがしかし、いま、貴様のような不心得者、否、主の心の傷にも気づかず、呑気に戯言を言って『したり顔』の、残虐極まりない人間が家中にいることを知って、考えが固まった」

「御館様……されど」

「もうよい。この者どもの顔も見飽きた。想像ほどのものでもなかった。どやつもこやつも皆、どこまでも残念な思いばかりをわしにさせる」

「せめて彼らからの陳情を」

「要らぬ話だ。言葉を聞いても仕方ない。言葉など、疑念を与えるだけではないか。真実はその面持ちの中にある。それも十分に見たと申した。もうよい、大儀であった」

「情けない殿様でございますな」

突然人質の中から声がした。見ると一人の女が嘲笑気味に笑っている。

女は続けた。

「人に裏切られたぐらいで花入のごとく割れる心など、所詮どのような状況にあっても簡単に割れてしまいます。それは貴方様の心が弱いからでございましょう。割られた代償だの、傷の深さだのと言われても、元が弱いのですから誰にもどうしようもございますまい。これから死にゆく者の顔を見たいと言い、それも飽きたと言い、まあ、お好きになされるがよろしいでしょうが、そんな想像力の乏しさでは、うちの主人にすら勝てぬでしょう。三太夫はいまごろ泣いてはいません。苦しみもあるかもしれませぬが、それでもそれを克服することでしょう。なぜなら主人は『変化に対応し、調整する』ことに長けておりますので。きっと我らの死も、何がしかの表現が変わっただけのことと、捉えるに違いありません。それでいいのです。なぜならそうすることで、我らは主人の心の中で生き続けるのですから。そして対話を続けるのですから。それが人としての強さ。貴方様がどのような極刑を与えようとも、それはご自身の弱さを示すだけのこと。思う存分なされるがいいでしょう。所詮貴方には、その程度のことしかできないのですから」

家臣たちは誰一人女を咎めることもせず、そのまま喋るに任せていた。

氏真はぼんやりと女の顔を見ていた。話し終わってもしばらく見ていた。そして何も言わずに立ち上がると、その場を離れていった。

数日後、人質たちは皆、龍拈寺《りゅうねんじ》門前に引き摺り出された。

処刑方法は、一人一人磔にし、槍で突いて殺すというものであった。ただ、氏真からは特別な注文があった。

刑吏たちは怯んでいる。

「本当か？　なんでそんな酷いことを」

「仕方あるまい。御館様のご命令なのだ。わしらはそうするしかないだろ」

「しかし……子どももおるのだぞ。あまりにも酷いではないか……死ぬまで何度も刺せなどと……」

「しかしやるしかあるまい！」


「ご苦労様です。さ、遠慮なく、貴方たちはやるべきことをやりなさい」

頭の上から声がした。見上げると女がこちらを見ている。

その目は柔らかく、彼らを包み込んでいた。

自分たちがこれからしなければならないことに、何の罪も、何の恐れもないのだと、諭すかのように。

「か、かしこまりました」

高々と掲げられた人質たちを、一人、また一人、刑吏たちは黙々と突き続けた。とにかく一刻も早く意識を失わせる。それが彼らにできる、せめてものことであった。

三太夫はその光景を家臣から聞かされた。

相変わらず心の動揺とは裏腹に、涙はこぼれなかった。


それから数年が過ぎた。

徳川家康は掛川城に籠る氏真らを攻撃していた。三太夫もその侵攻に参加していた。しかし包囲したまま、いつまでも本格的な戦闘を家康は開始しなかった。もちろん三太夫は家康の考えを直接聞かさせる立場にはなかった。ただ、こぼれ聞くところによれば、家康はこの戦によって、武田家がある程度疲弊してくれることを計算に入れていたとのことだった。しかし武田勢は止まるところを知らず、あっという間に駿河を落とした。そこで家康は逆に北条と密約を交わし、氏真とその妻である北条家の姫を関東に逃すことにしたのであった。そしてともに武田の進軍を食い止め、駿河を奪回した暁に、国主として氏真を返り咲かせるとまで約束した、とのことであった。

「何たること、これではお方様もお子たちも浮かばれぬではありませぬか」

家臣が口々に言った。

しかし三太夫は静かに首を横に振ると、一人陣幕の外に出ていった。

見上げれば、雲一つない真っ青な空がこちらを見つめている。

――変化に対応する調和か……ときにはそれでも賄えぬものも、あるのかもしれぬな。

罪のない爽やかな空を眺め続けた。

ふと、目の周りがなんとなく濡れている。

指でそれを拭う。

舐めるとしょっぱい味がした。

――かたじけない。

三太夫はそうつぶやくと、具足の紐を緩め、胴、肩、腹巻などをバラバラと脱ぎ捨てながら、呆然と歩き始め、そのまま森の中へと姿を消していった。

その後、三太夫を見た者はない。

宗教

雑感④

先見は不断の動きの中にある。

不断の動きの背景には縁がある。

縁を大きくするには「無用の人はいない」という発想が必要となる。

それがぐるぐる回っている。


信宏さんと出会った頃に、友人が紹介してくれた本にあった「電子と人は似ている」という話。

そう、電子も同じようにぐるぐる回っている。

人のすることは、人が複雑だから「する」のではなく、電子の持つごく原初的なパターンを踏襲しているから「起きる」ことなのかもしれない。

電子にも「縁」というものがあるのだとしたら。

先見も、根幹にあるものが電子の「縁」であれば。

子どもに名前をつける。

一族という意識。

それらを「因縁」と考えるのも「正しい」という気がする。


信宏さんの言う運・縁・恩。

イメージだけではなく、本人の実感として、それらが絶え間なくぐるぐると回っているに違いない。

だからこそ、ビルの壁に地図が描かれているのだ。

大阪、淡路島、袋井、ヴェトナム。

それらはまるで、五行のように彼の周りを取り巻いている。

木火土金水。

それぞれに方角がある。

東は青々と芽吹く木。袋井は浅羽発祥の地。

西は白く輝く極楽浄土。淡路島は「出会う妻たち」。縁がやってくる道。

南は赤く燃える炎。夏の暑さ。ヴェトナム。

中央は土。浅羽家にとっての居場所。それは大阪。

北は……光のない水。胎内であり、先祖である。


信宏さんに「宗教は」と尋ねた。

答えは明確だった。

「先祖です」

つながっていて、一つではない

「私、末席が好きだったんです。小学生の時、そのことで作文を書きまして、大臣賞をいただいたんです」

「お母さん」の本。その本人に直接会う。

今日で三度目。

九十五歳というご高齢もあってか、私のことはよく覚えておられない。会うたびに「初対面」であり、そしてこの話をいつもしてくださる。

いま、「お母さん」はとても楽しそうにお話をしてくださっている。そうしながら、私が次にどうしてほしいのか、何を求めようとしているのかを、読み取ろうとしておられる。私に関する記憶がないのに。データがまったくない相手に対して、その瞬間瞬間を読み取ろうとする力に、こちらは魅入られてゆく。

――これが、息子さんたちが書いてほしいと言った「お母さん」の姿なのか……。

あらためてそれを感じる。ここから生まれる波動に、人も空間も時間ですらも反応してゆく。歳をとるということは、こういうことなのかもしれない。この人は記憶を失っているのではない。必要としなくなっているのだ。それだけ魂が純化している。輝いている。一期一会と言ってしまえばそれまでなのだが、そんな言葉では到底収まりきらない力がある。なんというのか、柔らかさがはみ出しているのだ。

記憶というのも、肉体の一部なのだろう。

肉体は劣化し、いずれ滅んでしまう。

その肉体とつながりつつも、一つになってはいない魂の存在。

この人といると、それを強く感じる。

間違いなく、今日「さようなら」を言えば記憶は消える。

私のことも消える。

でも、再会するとつながる。

記憶という肉体が衰えても、魂は感じている。

「お母さん」は言った。

「あんたはえらい人やね」

急な言葉に戸惑う。思わず首を横に振ったが、「お母さん」も首を横にふる。

「わかるんです」

＊＊＊

「さようなら」

「お母さん」はいつまでも手を振ってくださっていた。

次の瞬間消えてしまう「私」に対して、いつまでも。

電車に乗ると「お母さん」の言葉が蘇った。

「わかるんです」

そう感じてくださった今日のあの人は、もう永遠に会えない。

少し目頭が熱くなった。


ふと思う。

肉体と魂の関係、それをまた別の表現で感じさせられることがある。

それは「人形」だ。

文楽などで使われる操り人形。

浅羽計器に描かれていた四つの地図の一つ。淡路島。あそこにも「デコ人形（伝統的な操り人形）」がある。


人は単純化・合理化の中で、そもそもの「脈」というものを重視しなくなったのかもしれない。

人脈、水脈、地脈、鉱脈、血脈……。

淡路島は何県かと尋ねれば、もちろん兵庫県だと答えるだろう。

しかしそもそもは徳島県に属していた。

さらには吉野川の川の脈。その延長に淡路島があり、堺があり、河内があり、淀川があり、琵琶湖があり、日本海があった。この「脈」から土地を切り離してしまうと、そこに残るのは

「肉片」のような単なる「場」だ。例えば指を肉体から切り離せば、途端に人格を失うのとよく似ている。

徳島、吉野川の「脈」の中に、淡路島、ひいては大阪の人形もある。
吉野川の上流には傀儡師《くぐつし》が住んでいたと言われる。
大晦日の夜、傀儡師たちは家々を回り、人形を回す。
いつ頃からそうなったのかは知らないが、人は人形を依代《よりしろ》にして神を招く。
人形の方が、神秘につながっていると感じている。
そして呪術者の言葉を、人形の言葉、つまり神の託宣として聞く。

つながっている。
でも一つではない。
その、「人の真の姿」を真似ている。
淡路島の地脈や水脈を、「大大阪」という時代の中で血脈として受け入れた浅羽家。

この運、縁、恩を「途中を抜かず」に感じること。
それが、いま、私と語り合う信宏さんの存在。
――なのだと思う。

古風なニュータイプ

常務取締役の浅羽泰延氏と話す。

泰延氏は信宏さんの父の次弟・廣美《ひろみ》の息子。

信宏さんより四つ歳下。「子どもは近所に住まわせる」という義三の信念に従い、二人は同じ町内会。小学校も同じ。幼い頃からよく一緒に遊んでいた。特に信宏さんはプロレス技をかけるのが得意で、いつも「かけられる」役回りをしてきたのが泰延氏であったとのこと。

「割ときつめに技をかけていました」と、信宏さんのガキ大将ぶりをちらつかせる。

その頃の光景は――

「みんな一緒でしたよ。会長（義三）、社長（信允）、父（廣美）、叔父さん（秀典）、それに母親も浅羽で仕事をしていましたし。信宏さんも当然のように僕と遊んでくれていた。父たちは、親兄弟とともに麻雀なんかしていましたしね。パチンコなんて夢中になる『趣味』の領域でしたよ。とにかく仲間でした」

その当然、一緒にいるのが普通だという環境にいながらも、泰延氏は将来浅羽計器で仕事を

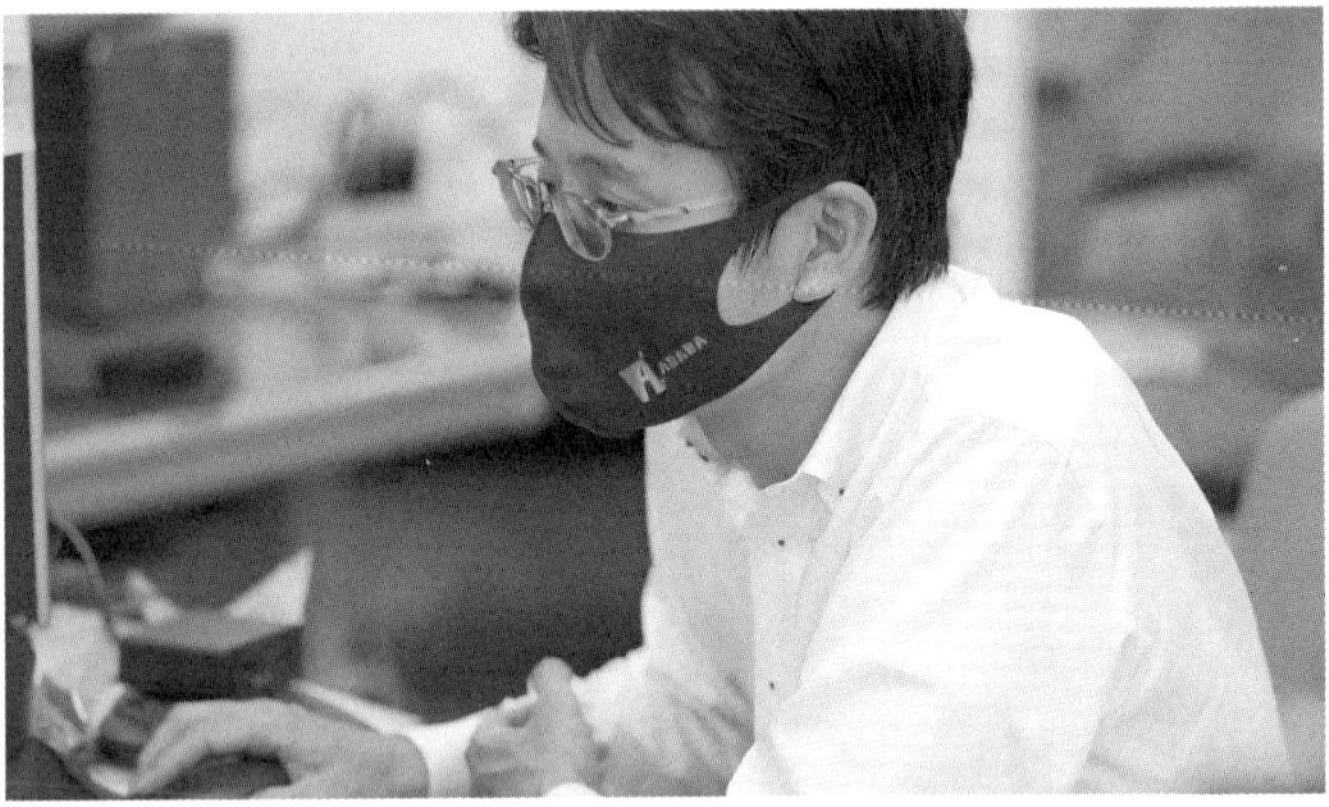

浅羽泰延氏

するなどと、考えてみたこともなかったという。

「親は公務員になればと考えていたのですが、僕自身はそのつもりもなかったですね。すぐに飽きそうなので。僕は変化がないことが嫌いなんですよ。そんな意味では、いまここで仕事をしているのは、ちょうどいいのかもしれません」

専門は「社内SE」。つまり会社の中のシステムを構築するエンジニアであり、コーディネイターである。社内の人の話をふんだんに聞いて、そこからシステムを考え、プログラミングをする――信宏さんが「動」であれば、完全に「静」の存在。常に落ち着いていて、物静かで、じっと話を聞いてくれる……そんな空気を持っている。

入社は二〇〇二（平成十四）年。ちょうどデジタルタコグラフが浅羽計器の「主力」となり、会社を大きく飛躍させる直前のこと。

「僕は運がいいんですよ。入るタイミングも良かった。それ以前から声をかけてもらっていたのですが、二〇〇二年、ちょうどいい感じです」

そう言って笑うが、これは謙遜だ。この泰延氏という「相棒」を得ることで飛躍した――それが真実だ。

でなければ……

「社長はいつもオープンなんです。特に新しいことを始めたり、考えたりする時は、必ず僕にも話をしてくれます」

信宏さんはワンマンだ。

「彼の頭の回転にはついていけない」という人は社内に多い。

その信宏さんが必ず相談する相手。

泰延氏とのコンビネーションがあってこそ、いまの浅羽計器はある。

――**信宏さんはどんな人？**

尋ねた。

「他にはいません。あんな人は見たことがないし、真似しようとしてもできるものではありません」

エピソードを語る。

「僕が入社した頃に、『飛び込み（アポ・面識なしの営業）のやり方を教える』と言って、さっととある会社の門をくぐったんです。まあ、いつも通りのものすごい頭の回転の速さで、トークを展開。そのままいきなり契約を取ったんです。また、ふらっと歩いていて、ある人を見かける。すると走っていって『社長！　お元気ですか？』と頭を下げる。その場で出会う可能性のほとんどない人なんですよ。それでも察知して、次にアクション。記憶力、判断力、行動力、適応能力。どれをとってもすごいなと。かっこいいなと思うんです」

そんな信宏さんに、泰延氏が最初に提案・実践したことは何か。

「見積もりのシステムに手を入れました。それまでの数字は、すべて社長（信宏）の頭の中だけで計算されていたので。これを透明にしました」

厳しい提案であっても平然と進言する泰延氏。

それを受け入れる信宏さん。

二つの波動が共鳴し合っている。

波動の間で泰延氏には見えるもう一つの信宏さんの顔がある。

それは「弱さ」だという。

「意外に弱いところがあるんです。メンタル的に。経営の浮き沈みに対しても、本当は人一倍苦しんでいるんです。それを『折れたらあかん！』と自分に言い聞かせて、逆に強くなってゆく。だからと言っていいのかわかりませんが、言うことは厳しいのに、基本は優しいんですよ。僕なんかよりずっと優しい」

――いま、仕事上気になるところは？

「時代とともにユーザーのニーズが変わるので、いまの商品がどうなっていくのか。同時に、いつまでもこの商品では続かないので、次に何を新しく生み出すのか。その新しいことは、ＡＩ関連で進めていることなのか。それともドローンなのか。それ以外かもしれない。あとは次世代にどうつなぐかですね」

――「新しく生み出す」の実感としては？

「僕にはドローンに関して、いま思いつくことはありません。ＡＩ関連の方で何かできないかなと。基本的には『いまのお客さん』が与える条件＝つながりなのだと思います。つながりのあるところの方が、具体的な提案をしやすいですしね。いきなりまったく違うものは生まれないと思うんです。つながりが生み出すちょっとした変化が積み重なって、振り返ると『まったく新しいもの』になっている。そんなイメージでしょうか。いずれにせよ、社会に対して『大きなこと』を考えるのは社長ですから」

と言って笑う。

―― 会社自体はどうなっていくべき？

「大きくせざるを得ないでしょう。理由は二つです。一つは大きくするより、小さくする方が難しいこと。もう一つは、いまの商品は売り続けないとだめなものなので。もちろん定期的なランニングコストはあるわけですが、基本は新規契約。毎年どこかに買ってもらうか、買い替えてもらわなければいけません。ただ、そのうえで社長が大切にしているのが筋を通すということ。ご恩を忘れてはいけないということ。社員もそれをよく理解していると思いますよ。誰かに言われるのではなく、朝早くから自分たちの意志で出てきて、自発的に仕事をしてくれています。全員責任感を共有しているんです。運も縁も恩も強く感じているのだと思います」

――運・縁・恩の思想ですか。

「会社には二つの面があります。先に進めるうえで目指すのは最先端の追求。でも、長く続けるには運・縁・恩といった、ちょっと古風な、先代、先々代がやってきたことを守ること」

一族が一緒に住んでいる。

守るべきことがある。

かつて人々が互いの命を守るために結束した「地域」という意識。

それによく似たものが、「一族」「このエリア」に根を張っている。

そのなかで最先端を走る。

特殊能力を持つ信宏さん。

「古風なニュータイプ」

そんな言葉がふっと浮かんだ。

「古風なニュータイプ」は、泰延氏と、その奥さんのキューピッドにもなったという。

当時脳梗塞の後遺症を患っていた信允の作業療法士をしていた女性がいた。

信宏さんが泰延氏と「食事をしよう」と会社を出た時、会社の向かいにあった「代々社長の住む家」からたまたま彼女も出てきた。

「一緒に行こうよ」

信宏さんのこの一言。それが二人を結びつけ、いまや男児三人の夫婦。

泰延氏の夢は。

「この会社が百周年を迎えること」

四

黒の季節

——血脈

蔦——「感じる」テクノロジー

秋山氏と泰延氏、二人を取材したノートを見直すと、気がつくことがあった。二人とも「叔父さん」＝「秀さん」について語っていたこと。家系図を書いておこう。

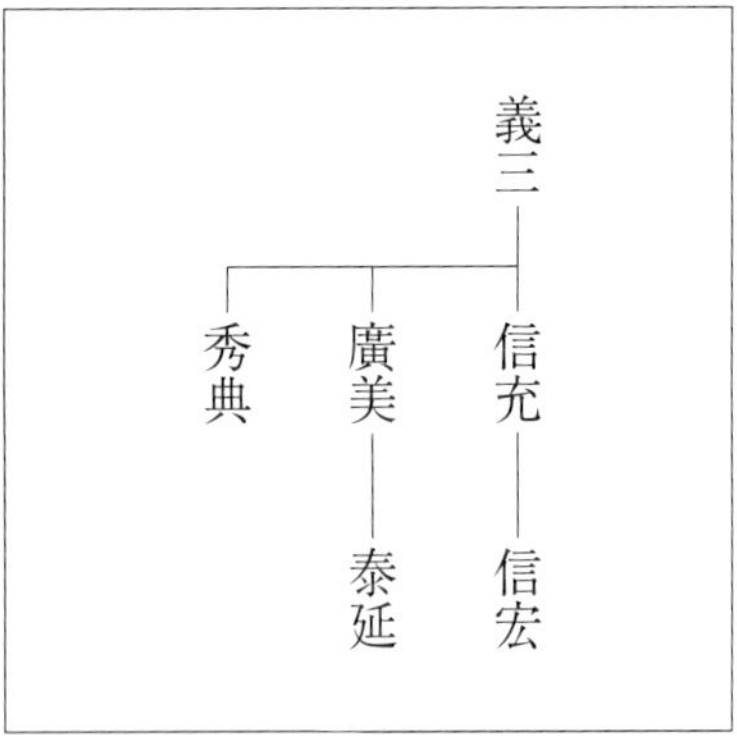

浅羽家系図

秋山氏はこの「秀さん」と一緒に、若い頃からスキー、テニスといったスポーツとともに、日本橋などでコンピュータの部品などを物色していた仲間であった。

泰延氏も、「秀さん」にはよくしてもらったと言い、また「秀さん」が亡くなった時に、浅羽全体には震撼が走り、会社は倒産すると誰もが思ったという。それほど、この「秀さん」の人間的な魅力が、一族にとっても、会社にとっても重要な要素であったとのことであった。

もちろん「秀さん」が魅力的な人であったことは事実であろう。

しかし一つの「魅力」の裏には、別の表情がある。

例えば、菩薩のような母の温かさ。その裏には山姥《やまんば》のような執拗さがあると、心理学者の河合隼雄氏は言っていた。この「秀さん」の場合も同様で、多くの人を惹きつける魅力。その裏には「誰にも真似のできない存在」としての危うさがある。偉大な戦国大名が出現した後、その後継者に困るのは、いつもこの点が作用しているからだ。


大阪の「浅羽一族」の場合、「秀さん」が亡くなるということは、蔦のように絡んだ絆が、一気にほどけた瞬間だったのかもしれない。このままだと、つなぎ止めていた「素材」がバラバラになってしまう。そこで新たな「蔦」を生やし、「絆」を構築する必要があった。その役割を担える人物として、信宏さんに白羽の矢が立った。信

浅羽秀典氏とご家族

宏さんが持ち込んだ新素材＝デジタルタコグラフの旗の下で、蔦はぐんぐん成長し、より強固で、より巨大な組織が生まれた。そんな道程が見える。


蔦でつなぎ止められた人々は、皆安定してゆく。

秋山氏が喧嘩しながらも、課題に取り組んだのは、蔦による安定があったからだろう。

泰延氏が「百年」を願うのも、蔦による安定があるから。

社員が皆自発的でいられるのも、蔦による安定を感じているからだ。


では一体「蔦」自体はどう感じているのだろう。

「蔦」は一族だけではなく、社内だけではなく、世の人々とつながり合っている。

その提案の主体であるデジタルタコグラフは、利用者に多種多様な対話を与えている。

対話によって、人と万物とのつながりを補佐もしている。

つないでいる人、人、人……それをどんどん伸ばしてゆくと、浮かび上がってくるのは「大衆」だ。

大衆とは何か。

「弱い」個人は、この大衆の顔色を見る。

しかしそれは「未組織の集合的存在」だ。

「人」と言えば人なのだが、「数」でもあり得る。

ウイルスの感染者数。

内閣支持率。

視聴率。

アクセス数。

いいね。

バズる。

データ、統計などの「数」に特別な力を感じるのは、それが「数」という形になった大衆であり、個人はその顔色に敏感であるからだろう。

「蔦」はこれに従うのではなく、対等な「対話」を持ちかけている。

それがどれほど勇気のいることなのか——。

大衆を捉えた二十世紀前半の学者オルテイガ・イ・ガセット。
著書『大衆の反逆』でこう述べている。

「今日の（一九三〇年代）ヨーロッパ社会において最も重要な一つの事実がある。それは、大衆が完全な社会的権力の座に登ったという事実である。大衆というものは、その本質上、自分自身の存在を指導することもできなければ、また指導すべきでもなく、ましてや社会を支配統合するなど及びもつかないことである。したがってこの事実は、ヨーロッパが今日、民族や文化が遭遇しうる最大の危機に直面していることを意味しているわけである」
「大衆とは、善い意味でも悪い意味でも、自分自身に特殊な価値を認めようとはせず、自分は『すべての人』と同じであると感じ、そのことに苦痛を覚えるどころか、他の人々と同一であることを感ずることに喜びを見出しているすべての人のことである」

社会的権力となった大衆の支配力。これについての例を挙げればきりがない。例えばコロナウイルスのワクチン摂種についてはどうだろう。自由意志に任せると言われながら、大多数が摂種をした環境下で、打たないことを選択した人が、堂々と「私は打たない」と言いにくくなっている。大多数の期待＝大衆の期待に反すると、「みんなが打っているのに、あなたは他人に迷惑をかけるのか」というような声を恐れるようになる。ＳＤＧｓも同様。ＬＧＢＴも同様。大衆＝大多数が、一方的に何かを肯定することで、別の何かを冒瀆しているかもしれないのに、それを議論することすら、公には憚られるという意識が蔓延している。この様子を見る限り、「大衆の社会的権力化」は否定できない。

この社会権力に迎合することで、安心している光景もよく見かける。これまで多くの企業人と話す機会があった。特に大阪では顕著であったのだが、頭をかきながら「私は文化方面が苦手で」と言いながら笑っている人をよく見た。こちらが「経済方面は苦手で」などと言えば、「もっと新聞を読め」と諭されそうになるのに、「クラシック音楽や能といった文化は苦手で」と言っても笑っていられる。笑いながら安心しているようにも思えた。その安心の背景には、「大抵、普通の人はそうさ」という思いが見え隠れしていた。つまり「大衆」の顔色を見て、この場合は安心していたのだ。

子どもたちへの影響も深刻化している。ある人間環境学の大学教授はこう言う。「いまのミレニアル世代が居住する地域に求めているのは『同質性』よりも、むしろ『多様性』や『寛容性』です」。本当だろうか。もしこれが本当であるならば、なぜ「いじめ」はなくならないのだろうか。「いじめ」の基本構造は、「同質性」の強要である。個性的で、特異な一面を持つ学生を、「違うもの」として圧力をかけ、排除する。「多様性」「寛容性」をヒステリックに排除しようとしているのだ。これなどは社会的権力どころか独裁と言っても過言ではない。

この権力に対し、迎合することなく、対等に対話を求める。

大衆の社会的権力化。

さらには独裁化。

「顔の見えない力による支配」。

それに対する「柔らかい支配」。

「柔らかさ」とは「変化に対応する調和・調整」。

この対立に、泰延氏への取材の中で感じた「ニュータイプ」という言葉が明確にイメージされる。この言葉は昭和四十年代生まれの人間には、もちろん『機動戦士ガンダム』というアニメーションを想起させる。偶然にも、このアニメの中で同じ対立構造が描かれている。

物語の舞台は戦争。

戦争は否応なく人間に二項対立を求める。そしてそれぞれの立場の正義を大衆に認めてもらうべく、ときには演説などをする。

そして演説をした人間自身、その「見えない力による支配」に同化され、判断を狂わせ、父親を殺し、妹に殺される。泥沼化する戦争の中で、登場した「ニュータイプ」という存在は、戦い合う双方の陣営に出現し、彼らは三次元を超えた対話をしながら、最終的にこの戦争を終結させる。これはまさに、社会的権力と化した「大衆」に対し、戦いではなく、対等な「対話」を求めた姿である。

「感じる」テクノロジー。

その本質をまた少し、摑めたような気がする。

いまでも一緒に

「秀さん」の妻、千恵美さんに会う。

出会いはお見合いだった。
「ちょっとそこまで車で送ってくれる？」
頼まれるまま運転すると、待っていたのは自分のお見合いの席であった。

短大を出て大阪で就職。その後転職をして、淡路信用金庫に籍を置いてからは故郷淡路島に住んでいた。姉妹三人に兄が一人。そんな環境で大きくなったからかもしれないが、男性と話をすることにまったく慣れていなかった。当然「お見合い」に戸惑う。

相手の男性もおとなしい感じだった。
ただ、このとき猫をかぶっていたことは、後でわかったのだけれど。

とつとつと話題を消費してゆくなかで、スキーの話題が出た。学生時代から自分もスキーをしていたこともあって、話が盛り上がる。話し始めると男性はハキハキと喋る朗らかな人であった。

それが「秀さん」であった。

「結婚すると決めてから、主人に大阪のご実家に連れて行ってもらったんですが、ここですと言われてびっくりしました。だって、その家、私知っていたんです」

千恵美さんが大阪で勤めていたのは、浅羽計器からほど近いところにあったジャスコ。当時彼女は香里園に住んでいて、そこから通うのが遠いと感じていた。そこで近くに良いアパートがないかと探していたのだそうだ。浅羽計器のある通りもよく歩いていた。

「二階に事務所があって、二人の女性が働いていた。そこまで知っていたんですよ。その二人がまさか将来、自分の『お義姉さん』になるなんて……不思議としか言いようがないでしょ」

いざ結婚すると、当然浅羽家独特の「ムード」を目の当たりにする。

「実家とはまったく違う。というか、こんなムードの人たちに出会ったのは初めてでした。何《なん》か言うたらすぐ、みんな集まる。普通は兄弟でも、家を出たら年に一度会うか会わないかといった感じの家が多いと思うのですが……」

ただ「秀さん」は千惠美さんの「戸惑い」の部分を敏感に感じ取っていた。そのせいか浅羽で働くことも勧めなかった。

「男は外、女は内というのが主人の基本的な考えだったので、私に専業主婦をさせてくれました。私もそれが理想だったので。ですので浅羽のお仕事はノータッチ。ときどき、とても忙しい時は、元銀行員ということでお金の計算を手伝わせていただいたりはしていましたが。一度私もどこかで働こうかなと言った時、主人は『それやったら、習い事でもしたらいいやん』と言う。それでテニススクールに通った時期もありました」

必ずしもこの二人の考えを、浅羽家、特に義三の妻・幸子《ゆきこ》が、全面的に受け入れたわけではなかった。幸子には「浅羽家を守るために、女には女のやらなければならないことがある」という強い信念があり、息子の嫁に対する教育も徹底してきた。その信念と行動力は他を圧倒し、皆、幸子の言葉には必ず従う……そんな「家風」も醸成されていた。

「なんで家に来《け》えへんのや！」

幸子はそう言って、「秀さん」の家にまで来たこともあったという。

それでも二人は自分たちのライフスタイルを曲げなかった。「秀さん」の強い意志の現れでもあったように思われる。

「自分にはちょっとしたトラウマがあって。小学生の頃、学校から帰ると、こっそり家に入っていたんです。寝たきりのおじいさんがいて、帰ってきたのがわかるとカタクリのおやつを作って、おじいさんに食べさせてあげないといけなかったんです。友達と遊びたいのに。それがそもそもの私にとっての祖父母との関係だったので、ちょっとこちらのムードについて行けそうにないと感じていました」

家での「秀さん」は――

「仕事中、よくお昼を食べに帰ってきました。その後、上の子を連れてお義父さん、お義母さんに預けたり。夜、仕事から帰ってくると、今日あったことを私が話すのを黙って聞いてくれていた。なによりも子どもと遊ぶのが大好きで、休みになったらどこかに出かける。とても器用な人でもあったので、料理も得意だった。レストランに入っても必ず厨房の見える場所に座る。そして味を覚え、見たまま作ってみる。それこそなんでも。特に美味しかったのはケーキ。チーズケーキはとても美味しかった……」

「秀さん」の手先の器用さとものづくりへの興味は、「コンピュータやゲームなどの組み立て」、「秋山氏と日本橋をぶらついた」といった光景にもつながってゆく。実際家族総出で秋山氏の家に行き、スクリーンを貼った和室でゲームをしたという思い出もあるそうだ。ちなみにゲームは「ボンバーマン」であったらしい。

「秀さん」は千恵美さんに、淡路島の実家に遊びに行くことを勧めていたそうだ。ただ千恵美さんは、その間「秀さん」がそっと家族だけにしておこうと気遣い、パチンコに行っているのが申し訳なく、気が重かったという。双方とも、双方への実家に対する気遣いを、させたくないという「情」で、同じように気が重かった……ということだ。

「秀さん」は信宏さんを特別に可愛がったようだ。

「どこに行くにも、『信宏連れてゆこう』と言っていました。信宏さんも主人を兄のように慕ってくれていました。浅羽家の中でも、二人は独特の関係だったと思います。

主人が亡くなった後も、信宏さんには何度も救っていただきました。うちの娘はひどい小児喘息だったのですが、信宏さんは発作が起きると夜中でも駆けつけ、救急病院に連れて行ってくれました。阪神・淡路大震災の時も、いの一番に電話をしてくれて、私たちの気持ちを落ち着かせ、すぐに浅羽の社員を連れて、割れた食器やガラスの処理をしてくれて……主人の代わりを一生懸命務めてくれようと、していたのでしょうね。うちの子どもたちも信宏さんのことを『お兄ちゃん！　お兄ちゃん！』と頼りにしているんです」

「秀さん」が亡くなった後も、浅羽家の人たちは自分たちによくしてくれた。しかし「主人の不在」を、千恵美さんは「存在意義の喪失」と捉えていた。「関係」が希薄になった自分たちにまで気をかけてくれることが重荷になっていった。そこでここを離れようと決意。友人の紹介で奈良県に新しい物件を購入。引っ越しをすることを、誰にも相談せずに決めてしまったのだ。

「お義父さん、お義母さんに報告をさせていただいた時、お義母さんは烈火のごとく怒っておられました。ただそれよりも徹《こた》えたのは、お義父さんの言葉でした。『お前がどこへ行っても、娘には違いないから』……この心からの優しいお言葉を聞かされた時、『ああ、私は大変なことをしてしまったのだな。ちゃんと相談していれば、もっと違った答えが出せたかもしれないのに……』ということに初めて気がついたんです。いまだにこの点については後悔しています」


「秀さん」との結婚生活は十年と三か月という、とても短いものであった。

タバコも吸わず、お酒も飲まなかった「秀さん」。予兆などまったくなかった突然の死を、いつ、どのように受け入れることができたのか。

「今年で三十年なんです。でもまだ受け入れることができていません。いまも一緒に暮らしているようで。娘たちとも毎日主人の話をしていますし、皆、帰宅すると自然と『パパただいま』と言ってしまう。亡くなったなんて、家族全員が受け入れたくないのだと思います」

「途中がある」

これも「重すぎる」場合がある。

原風景

緊急事態宣言下の日々。
信宏さんの取材。

――野田のあたりは、子どもの頃と比べてずいぶん変わったのですか？

「野田恵比須神社や八坂神社がありましたから、夏休みのスタートは縁日。当時は盛大でしたし、祭りにかける大人のエネルギーも大きかったですよ。梅田の方にいくと、お初天神のお祭りなどもあったのですが、あそこはすでにいろいろな人が外から入ってきていたので、地元という色は薄い。淀川の周りにはトッパン、レンゴー、東洋製罐、大日本製薬など水を使う大きな会社が並んでいたので、地方から来る労働者が多かった。それに比べると、まだ野田は地元色が強かったですね。

隣の福島ともずいぶん対照的でした。福島の方が商業化されていましたからね。僕たちが小学生の頃、福島と本町は大阪では最初に空洞化を起こしていたドーナツ都市だと言われていました。昼に人が仕事をして、夜には誰もいなくなる。いま、福島は飲み屋街的なイメージですが、当時はビジネス街でした。自動車産業関係の会社が多かったですよ。まだ東西線もなく、海老江も、新福島もなく、阪神電車自体地下を走っておらず、開かずの踏切もあって、ずいぶん光景も違っていました。それに対して野田は庶民的というか、時代に毒されていないというか。昔の生活がそのまま残っている感じでしたね」

――そういった周囲の雰囲気のせいか、昔の大阪、例えば船場などの大店が持っていた空気と似たものを浅羽計器に感じるのですが。

「古臭いんですよ（笑）。まあ、それはともかく、人間味のある家だったなという気がします。『人がたくさん集まる家、出入りの多い家はいい』という教えがあって、人とのコミュニケーションを盛り上げることを大事にしていた家でしたね。父には弟が二人いて、大勢の身内で経営していた会社の中で、一人っ子だった僕も大変可愛がってもらった。いとこも近所に住んでいて、祖母・母方の実家である淡路島との交流も頻繁で、皆兄弟のように接していました。そして祖父は僕にこうも言っていました。

『あんまり離れた所に住むな。いざとなれば助け合う。そんなふうに皆が一つとなっている結びつきをどんどん強くするのだ』
おかげでいまも社員としていとこが二人も入ってくれているし、妻も仕事を手伝ってくれている。家族も、身内も、一族も、交流する人もすべて大事にするという空気を持っている家系ですね」

――ちなみにご両親の出会いは?

「祖母の紹介によるお見合いです。祖母の郷里、淡路島の三原郡（現南あわじ市）、そこでのご近所さんだったんですよ。農業と酪農をされていたお家で、いまは酪農は辞めておられますが、農家としては続いています。いまのご当主は母の弟さんと、その息子さん。仲良くさせてもらっています」

――そういったベースが「対話」、「感じる」テクノロジー、「運・縁・恩」といったビジネスモデルにつながるのでしょうか。

「そうかもしれませんが……母がすぐに亡くなってしまうということを知っていたので、命の儚さに関しても子どもの頃から実感していましたよ」

――お母さんが亡くなられたのはいつ頃のことですか？

「母の病気……リンパ腺のがんが発覚したのは、おそらく僕が生まれてすぐのことだと思います。二人目ができたのですが、病気のことがわかっていたので堕《お》ろしています。僕が一人っ子なのは、そういった理由があります。自分がどれくらいの年齢で母の病気のことを理解していたのかは定かではありませんが……小学校の後半、五年生の頃にははっきり意識していたと思います。病院通いが頻繁になったり、あるいは母が心の安定を求めて信仰に帰依する姿も目にしているので。母は勉強に対して、けっこう厳しい人ではありました。僕にできることは、勉強を一生懸命頑張ることで、せめて母に喜んでもらおうと。そうやって勉強をしているうちに、将来、僕が母の病気を治そうという思いも芽生えてきました。本気で医者になることを目指し、医学部に進学する生徒の多い中学を受験し、入学もしたんです。でも中二ぐらいになると、無理だということがわかってくる」

――どうして無理だと？

「自分が医者になってから治すのでは間に合わない。それを実感したんです。中学に入った頃から入院がちになり、また抗がん剤の影響で髪の毛なども抜け始めてきたんです。自分の親が、カツラを作りに行ったりする姿を目の当たりにするのは、いかに気丈に生きようと思っていても幼い子どもにはきつかったと思います。子どもにしてみれば、母親に作ってもらう料理で大きくなってきたわけでしょ。その母親が食べながら、抗がん剤の影響で『砂を食べているように感じる』などと言うんです。『自分には治されへんのと違うかな』という思いが芽生えてきました。別に余命がどれくらいかといったことを、直接聞かされたわけではありませんが、感じたんでしょう。間に合わないと。

それで中学卒業の頃は、ちょっと自暴自棄になって遊んでいましたね。腹が立ったら平気で人を殴ってもいいとか、そんなふうに思っていました。

母の死が現実の事となるのはその直後のこと、高一の春でした。五月三日です。母の病気のこともあって、中学の卒業の時に旅行に行けなかったので、叔父（秀典）と秋山が信州に、春のヘリスキーに連れて行ってくれていたんです。ヘリコプターに乗って山頂に行っていたその間に……。当時は携帯電話もなかったので、なかなか連絡がつかなかった。夕方の三時頃に報せを聞いて、そこからノンストップで叔父が運転をしてくれて。寝ないで帰ってきた」

――そのとき、叔父さんとはどんなお話を？

「何も話さなかったと記憶しています。叔父さんも状況をはっきり把握してなかったし、それよりもまず、一刻も早く戻らなければの一心で。もちろん二人とも、いろいろ考えながらの道中だったと思います。考えすぎて疲れてしまい、僕自身は一瞬眠ってしまってもいました。朦朧とする意識の中で、叔父さんが途中眠気ざましの「オールピー」を飲んでいたことを覚えています。

電話で母が死んだという連絡を受けたのですが、なかなか車の中でも飲み込めなかったんですよ。ようやく家に到着して、玄関に『忌』の字が貼られているのを見て初めて『そうなのか』と受け入れたんです」

――お母さんはどんな方だったのですか？

「厳しい人でしたよ。そして常に掃除をしている。布団叩きでよく叩かれました。太ももとか。手で叩くのが痛いから（笑）。料理も好きな人でしたね。特に僕が好きだったのはミートスパゲティでした。とても好きでした。父もそれをよく知っていたのでしょう。母が亡くなった後、僕に作ってくれました。父は一人っ子の僕を兄弟のような感じでいたわってくれた人でもありました。父だけではなく、当時はまだ祖父母も元気な年齢だったので、僕のことを四番目の息子のように可愛がってくれていました。叔父たちも、兄のように親身になってくれていた。特に三番目の叔父は『秀さん』であり『お兄ちゃん』でしたね。彼は健康そのもので、僕にもいろんなことを教えてくれました。スキーもテニスもゲームも……すべてを教えてくれた人でした。僕が社会人になってからも、一緒にペンションを借りたり。叔父のお子さんとも仲良くしてて。でも、僕が二十六歳だったかな？　今度はその叔父が、仕事中に脳内出血で亡くなってしまったんです。四十二歳でした。僕が出向先の矢崎総業から帰ってきたのは、叔父が亡くなったからなんです。

　叔父は大きなプロジェクトをいくつも抱えていました。一方、僕の方は技術についてもまだ勉強中。その後をといっても、どうしていいのか悩んでいました。そこで助けてくれたのが秋山でした。秋山は叔父の知り合いで、以前から僕も仲良くしていたのですが、車好きで、また当時としては珍しく車にもコンピュータにも詳しい人でした。まずは彼に声をかけることにしました。秋山は当時、タクシーの板金の仕事をしていました。運良く彼も仕事を変えようと思っていたところでした。時代的には環境問題に注目が集まりつつあったので、塗装にあまり将来性を感じていなかったのでしょう。僕にとっては『スタート』からの仲間になってくれました。
思えば叔父の死は、会社にとっても僕の人生にとっても、とても大きな転換期になったのだと思います。いまの常務（泰延）のお父さん、二番目の叔父ですが、彼も当時『うちの会社危ないかも』と言っていたそうですし……そもそも母が亡くなった時、親父が見せてくれた通帳は本当に〇円だった。僕の思いとしては、正直、まだもう少し矢崎総業で勉強していたかった。だけど振り返れば、秋山を含め、このタイミングでの出会いがあってこそ、いまがあるのだと思います。
状況の変化、人の生き死には、こちらの都合を待ってくれません。人の命の儚さや、人生における現状の脆さとともに、変化の与える強制力の強さ。その諸刃《もろは》の剣の中に、運、縁、恩を感じるんです」

―― 危機感とは具体的にどんな？

「当時の売り上げの中で、数字が伸びていたのがタクシー部門でした。それを三番目の叔父が担当していたんですよ。兄弟で各部門の棲み分けをしていたようで、父は社長として経営を主にし、次男はトラックが専門。トラックを専門にしていた次男が、まったく事情の異なるタクシーに着手できるはずもなく。

　またその頃の浅羽は主に修理業を生業にしていました。この数字がどんどん落ちていた。時計屋が潰れる様子を見て祖父が言っていたように、自分たちも何かを売っていかなければいけない。叔父が亡くなる前からそんな『危機感』がありました。だから他の販売店の人たちと一緒に僕も矢崎総業に出向し、営業とシステムを学ばせていただいていたんです。かなり内容は高度であり、覚えることもやるべきことも多かったので、一人二人と抜け落ちて、結局僕一人が残っていたんです」

儚さ

雑感⑤

母との死別。

叔父との死別。

命の儚さ。

「柔らかい」コントロール。この言葉に込められた真意に、ようやく巡り合った気がした。

もっと温もりのある。

もっと本質的に柔らかい。

本当であれば、もっと抱きしめてほしかったであろう――そしていま、走り続けて、人に受け入れられて、運も、縁もいただき、恩もたっぷり感じている自分の姿を、最も見てほしかった人たち。

その人たちの不在。


信宏さんは「他人事」として社会を見ているのではない。

もっと切実なのだ。

「社会の変化に対応できるのかどうか」

この言葉が、彼の中で生み出すイメージも、まったく次元・温度が異なっていたのではないのか。少なくとも彼は、「万物との関係が単純化した現代」とは、質、重みともに違った感覚・心情・信念の中で、考え、そして懸命に生きているのだ。

幼い頃から。

ずっと。


これまで語ってきたすべてが、違う景色に見えてくる。

語っていた信宏さんの後ろ。

それがどんどん透けてゆく。

そこには、父母、祖父母や親戚などをずっと通り越して、ファン・ボイ・チャウを救い続けた浅羽佐喜太郎の心情も通り越し、ずっと以前からの先祖、その因縁とも言える、大きな波の姿が見て取れる。

幾度となく「生きている」という言葉が胸に浮かんだ。
淡々と砧《きぬた》を叩くような音。
その鼓動を感じる。

抽象と具象

雑感 ⑥

人間の記憶や印象というのは実に興味深いものだ。

いろいろな情報・言葉がその時々に刺激を与えるのだが、時間とともに、まるで波が岩を浸食していくように、何かが削られ、何かが残ってゆく。

残ってゆくものも、厳密に「オリジナルのままか」と言えば、そうでもない。根拠や保証といった鎖から解放された、ふわふわとした印象のみが、言葉という形を伴って浮遊してゆく。

信宏さんとの対話。

何度も蘇っては消えたワード「コントロール」は、「柔らかく」なり、「感じる」ものになり、そしてそれを思うたびに、ＨＡＬの連呼が頭の中で響く。

I can feel it.

デジタルタコグラフを導入することによって、人は気づかぬうちに運転の質を上げていった。それは巧みな「コントロール」であり、その「コントロール」はすべての人に「より良い状態（幸福と言い換えても良い）」を提供した。

しかしその本質とは――。

重ねてきた信宏さんとの対話。

そこに呼応するように悩んだ、まったく別の家の「お母さん」の本。

この二つが私の中で過去を書き換えている。

そう、私も同じことを連呼している。

I can feel it.

人間は、貯蔵されている過去のデータ自体が曖昧で、思い出も次々と内容が変化していく生き物だ。変化させているのは、いま現在、自分がどう考えることがより都合が良いのかという想像力のなせる業だろう。「いまから思えば、あれってこういう意味だったんだろうな」だとか、「あのとき、とても不幸に思っていたけど、いまから思えば、それも大事な経験だったんだろうな」だとか。なかなか人工知能に良い小説が書けないのは、過去の正確なデータに縛られて、現在の状況を元に、自分に都合良くデータを理解し直すということをしないからだろう。つまり——個々によって異なる「都合の良さ」を、理解・想像できる人工知能なんていうのが生まれるはずはないのだ。

そういうものが生まれてくれれば「ああ、いよいよシンギュラリティかな」という言葉にも説得力が出てくる。

信宏さんは「顔の見えない部分」による支配に問題点があると感じていた。

私はそれを進化した「見えない顔」の擬態、例えば大衆であると考えてみた。

その擬態の根底には、「同一への安心」があるとも。

擬態の「見えない顔」には「コントロール」はできない。

確固とした哲学も思考もない。

擬態だからだ。

でも、擬態によって歪《いびつ》な支配を受けているのが現代人だ。

擬態が「人」なら大衆、「数字」ならデータ、そしてそれらを雑多に放り込んだビッグデータ――具体的に言えば、常識的、科学的、普通であることの強要。その根拠となる世論。「国民として納得ができる」とか「できない」とか。

世論として、常識的、科学的、正常と思われる思考に、配慮した言論で埋め尽くされる言論の自由。でも、この支配は誰からも強要されていない。自分から望んでその配下にあろうとする。そんな自由。

ファシズムへと走った前世紀のドイツ。別に国民は、進んでナチズムを理解しようとしたわけではない。ヒトラーはおそらく形骸であって、本当の支配者は「匿名」＝「世論」だったのではないかと思う。あの時代、多くのドイツ国民はおそらく「ナチズムなんて」と陰ではぶつぶつ言いながら、公では真っ直ぐに右手を上げて「ハイル！」と言っていたに違いない。

デモクラシーなどというのも同じ構造で、それが何かなどと、自発的に理解しようとする人は想像以上に少ない。学校の教室でも「これについては民主主義的に決めましょう」と言って、多数決をとるシーンを何度も経験してきた。しかし生徒から「多数決は民主主義ですか?」という質問は出てこなかった。そこを議論するよりも、「常識」として棚上げし、その支配下にいることを自ら望んだというのが真相に近い。

デモクラシーも、メッキが剝《は》げてきたか、飽きてきたかで、今度は人工知能などという「本当の中身は空っぽ」かもしれない偶像を組み立て、「常識」の御本尊として奉り、人工知能の判断に、ちょっと細工を施して「人工知能様がこうおっしゃってる」的な状況を生み出そうとしているのかもしれない。だったら、その人工知能様は、いい加減な方が、こちらとして気分的に楽だ。

ふと、テノーリオ・ジュニオルが唯一残したアルバム「エンバーロ」を聴きたくなった。

可能性に満ちた音の連続。

その波動が与える心の動き。

そして本人も予期していなかった壮絶な最期。

一九七六年三月十八日。ブエノスアイレスに演奏旅行で訪れていたテノーリオ・ジュニオル。ホテルに「タバコを買いに行く」というメモを残して外に出る。そしてそのまま帰ってこなかった。

後にわかったこと――彼はアルゼンチンの軍事政権に過激派と間違われて逮捕されていた。そして凄まじい拷問の果てに殺されていたのであった。


唯一残した一枚のアルバム。

その音に感銘を覚えるたびに、演奏をしている彼の中には、死に対する不安などまったくなかったということを感じる。

人はどこまでも「いま」を生きている。


でも、同時に人はとてもややこしい。

テノーリオ・ジュニオルが「いま」の中に生きつつ、「将来の死」を想像していたことも間違いない事実なのだ。少なくとも「死」という言葉も概念も彼は理解していたに違いない。目の前に具体的な「死」がなくとも。人間の意識はそうやって無数の抽象的な概念で埋め尽くされている。今、私は世論とか「顔の見えない支配」について考えていたのだが、これも抽象化によって一般化された概念の集合体であって、実体を伴うものではない。

こんな本を読んだことがある。

ダニエル・L・エヴェレットの『ピダハン』。

ピダハンというのは、アマゾンに住むブラジルの先住民。この本は彼らにキリスト教を伝導しようとし、聖書を彼らの言葉に翻訳するために、現地に入って研究を始めた伝道師兼言語学者のドキュメントだ。ピダハンたちは、本来言語化されていると我々が勝手に思っているいくつかの概念を持たない。例えば、数、色、左右、神など。

彼らにあるのは「いま」のみ。抽象概念を必要としないので、過去も未来もない。挨拶といった「交感的言語使用」もない。質問と宣言と命令があるだけだ。もちろん後悔することも、罪悪感を抱くこともある。しかしそれらは言葉ではなく、行動で表現する。

ピダハンは経験していない出来事については語らない。遠い過去のことも、未来のことも、空想も。だから神話はない。あるのは、仲間が実際に見たことだけ。だから仲間が見た夢は

「現実」であり、仲間が見た「妖精」も存在する。

著者である宣教師が信仰の告白を彼らにした時、彼は自分の継母が自殺したことなどを話した。我々であれば、その死が彼に与えた精神的な衝撃や、受けた心の傷を想像し、しんみりとするのだが、ピダハンは爆笑したという。

「自殺をしたのか？　母は。愚かだな。ピダハンは自分で自分を殺したりはしない」

そしてイエスのことを話すとこう言った。

「その男を見たことも聞いたこともないのなら、どうしてそいつの言葉を持っているんだ」

結局著者は、西洋人が抱えている不安の方が原始的で、そういった不安のない文化こそ、洗練されているのではないかと考え、棄教し、信心深い家族や親族とも関係を絶ってしまう。


これまでの信宏さんとの対話の中に陰陽を感じたこともあった。

分析する陽と、受け入れる陰。「言語」は、人の世を分析・分割して一般化するのだから、それ自体が基本的には「陽」である。言語でものを考えるということ自体が、陰陽のバランスを人間の中から奪い去ってゆくのかもしれない。「支配」「コントロール」も抽象化された概念。「自由」も然り。自分で勝手に考え出した抽象化に満足したり、怯えたり。そこから自由になろうとしたり、それがかえって不安を呼び起こしたり。

信宏さんはスカイダイビングで地球が丸いことをこの目で見たと言っていた。抽象化された概念としての地球の丸さではなく、実際に目で見る。それが人の幸福を考える人間のすることだと言わんばかりに。

抽象化された概念の檻から人を解き放てば、不安は消え、過剰な懐疑・シニシズムに陥ることも、権威に対して子どものように従順になることからも解放されるのかもしれない。

そういえば、信宏さんの口から先祖の話や、浅羽佐喜太郎の話はあまり出てこない。ピダハンとまではいかないが、彼には神話はなく、遠い過去の話も、遠い未来の話も必要ないのかもしれない。そんなものがなくても、「よい仕事」は自分の存在意義も価値も保証してくれることを知っているのだろう。

彼のイメージする運・縁・恩は、とても具体的な「いま」を表現している。

先見・不屈・奉仕／永続という矢崎総業からの言葉も、彼の中で抽象から具象へと変貌している。

少なくとも私の感じているイメージよりも、ずっと具体的なものであるに違いない。

淡路島

淡路島。

南あわじ市。

田畑の広がる中に、大きな農家が鎮座している。信宏さんのお母さんのご実家、橋本家である。門をくぐってすぐ左手に小屋がある。信宏さんは「この小屋、昔の牛舎なんですよ。ちょっと開けてみましょか」

母方のご実家とはいえ、まだご挨拶もしていないのに、いきなりはちょっとまずいのではと気が引けたが、こちらの思いとは関係なく、ガタガタガタ……。いまは物置になっているが、なんとなく牛が飼われていた時代の風景を思い浮かべることができる。ただ、想像よりもずいぶん小さな空間ではある。産業というよりは、牛と暮らす——そんな雰囲気だ。

淡路島には牛を飼う農家は少なくない。牛乳だけではなく堆肥が良い土を作り、良い作物を生み出す。稲作も多くは「牛の飼料用」とのこと。牛を中心に回っている土地だとも言えそう

橋本家外観

だ。牛との共存と一言で言うのは簡単だが、なんと言っても牛は生き物。じっくり「お付き合い」するとなれば、いろいろな制約がある。特にきついのは「全員揃って家を空けることができない」ということ。身内に何かがあっても、誰かが牛を見ていないといけない。その制約の中で、牛の都合と真剣に対話しながら、人は人の「社会」を生きてゆく。これも「対話」である。

玄関の上には桔梗紋。そこにだいだいが吊るしてある。

このあたりでは正月にしめ縄とともに飾り、しめ縄を外した後もだいだいだけは残し、次のしめ縄を飾るまでそのままにしているのだという。「代々繁栄する」という祈願でもあるそうだ。

信宏さんのお母さんは宏美といった。

「宏美さんは、ほんと活発な人でしたよ」

宏美の弟さん一家は、異口同音にそう言った。

弟・諭《さとる》氏。

妻・悦子《えつこ》さん。

子・充司《みつし》氏。


淡路島で農業を営むようになり諭氏で七代目だという。七代となれば、江戸時代もずいぶん遡るのではないのかと問うと、代々短命であったので、時間的には想像より短いとのこと。

「皆がんでした。どうもこの家系の男は物静かで。対して女性はほとんど長生きしています。なんというのか、男の方は気遣いで疲れてしまうのかもしれませんね」

笑っていいのか迷うような話であったが、「女性が多くのことを決める」そんな雰囲気のある地域なのかもしれない。物静かな諭氏は、宏美が浅羽家に嫁いだ時のことを鮮明に覚えていて、それをポツポツと話してくれた。

「そもそも話を持ってきてくれたのは、信宏さんにとってのお婆さん、その姉妹が嫁いでいた岡田家の人でした」

この縁談も女性主体で進んだようだ。

「浅羽信允さんは、とても気さくな方で、優しく、いろんなことに気を遣われる人でした。まあその頃は、いまのようにスーパーもなかったので、料理旅館にお迎えしたところ、大変喜んでくださって。で、そのときは、いったんは各々話を持って帰って考えるということに。お互いに意気投合して、とんとん拍子に話が進みました。淡路島では娘が嫁に出る時は、ものすごくたくさんの祝いの荷物、簞笥だとか、鏡台だとか、布団だとかを持っていくのですが、姉の時も古式に則った結婚式でしたよ。私も嫁入り道具の運び込みの手伝いを兼ねて大阪に行きました」

海の近く、あるいは島の文化なのかもしれない。沖縄でも同様であるが、そういった場所では程度の差はあるが、「女性上位」の思想が息づいているような気がする。かつて島民の近親相姦を防いだのは女性であった。島の女性が、外から訪れた男性との間に「種の違う」子どもを授かることで、島民を守ったとされる。沖縄などでは御嶽《うたき》という神聖な場所に男が入れない。陸の「女人禁制」に対し、海辺では「男子禁制」の文化が、ここでも生きているのかもしれない。

宏美の結婚は、昭和四十四（一九六九）年。結婚後すぐに、宏美、諭氏にとっての父親である剛が病になった。信允は何度も見舞いに来て、大阪の厚生年金病院（現ＪＣＨＯ大阪病院）への手配などもしたのだそうだ。その甲斐もなく、結局昭和四十六年に他界するのだが、そんなゴタゴタもあって比較的頻繁に宏美は実家に来ていた。信允の気質もあったと思われるが、諭氏は「本当に幸せそうでした」と当時の宏美の様子を思い浮かべる。だが、このときすでに宏美も、不治の病との戦いが始まっていた。諭氏が「辛かった」と言うのは、剛の時も、宏美の時も、一家揃って病院に見舞いに行くことができなかったことであった。牛を放っておくことができなかったからだ。

充司氏には、宏美にけっこう面倒を見てもらった記憶があるそうで、こんなことを言っていた。

「幼い頃、甲子園阪神パークに連れて行ってもらったことがあるんです。そのとき、ジェットコースターに乗るかどうかで、悩んでいたんですよ。やっぱりちょっと怖かったんで。そしたらおばちゃん（宏美）が『迷うんやったら、乗ったらええやん』と言ってました。またおもちゃだったか何かを買ってくれたことがあったのですが、そのときもどちらにしようかなと悩んでいたら、おばちゃんは『迷うんやったら、どちらも買いなさい』と言ってくれた。そんな感じで、悩んだり迷ったりした時に、背中を押してくれる人でした」

それを受けるように悦子さんが言った。

「お義母さんから聞いたのは、『バレエの発表会があるので、その衣装を縫うのがとても大変だった』ということ」


バレエをされていたのですか？


純日本風の家屋。牛舎のある農家。失礼ではあったが、ギャップを覚え、ふとそんな言葉を漏らす。

悦子さんも同感だったようで、「ええそうなんです！」と相槌。

「勝ち気な人だったので、いいと思ったことは率先してやるんです。バレエだけではなく、お琴もしていたし、しかも一度やるとなったらとことん頑張る」

信宏さんが思い出したように言う。

「たしかに。母の口癖は『何がともあれ、負けたらあかん』でしたね。そのバレエの話も同級のマリ子さんというライバルがいて、その影響だったんですよ。勉強でもその子に負けたくないからと言って、何時間勉強するのかをこっそり覗きにいったと聞いています。ちなみにそのマリ子さんとはご縁をいただき、お兄さんには祖父の代から会社の経理を見続けていただいているのですが……。

まあ、母はそんな性格だからか、一方でやりたいことはなんでもさせてくれた。水泳、剣道、サッカー、スキー、テニス。甘やかしたらだめという思いがあったのか、小学校に入るかどうかというタイミングで、電車に乗って一人で塾に行かせてもらいました。塾は千里中央のセルシーにあったので、野田からだと、子どもにはまあまあ遠い旅でしたよ」

悦子さんが付け足す。

「でも、それは心配やったようですよ。一人で行かせながら、心配で仕方がないからバレないように後をついていったと言ってました。そういう細やかなところと関係しているのかもしれませんが、小さい頃から几帳面な人でもありました。掃除が大好きで、『宏美ちゃん、いっつも掃除してるな』と、皆言っていましたし」

充司氏も笑いながら

「信宏さんの着なくなった服でも、サイズごと、季節ごとにきちっと直してはりましたよ。

それを僕に送ってきてくれたり」

「僕はその掃除好きの布団たたきで、よう叩かれましたけど」と信宏さん。

そんな談笑がしばし続く。すでに亡くなって何十年も経つ人の話であるというのに、彼女の話題になれば少し陽の入りにくい家の中が、心なしか明るくなってゆくような気がした。

「そういえば……」

静かに談笑に混じっていた諭氏が口を開く。

「信允さんは日本舞踊が得意でしたね。毎日放送テレビで放映されていた『素人名人会』にも出演なさって、見事にキンコンカンコン鳴っていましたし。私たちの結婚式でも黒田節を踊ってくださったんです」

キンコンカンコンというのは、合否判定を行う時に鳴らすチューブラーベルの音のこと。これが派手に鳴ったということは、「名人賞」を受賞したという意味である。

「父は両親の影響で花道、茶道、日本舞踊などを習っていたんです。まあ、モテるためだと言っていましたが」と信宏さんが補足する。

「淡路島の人の気質を、一言で言えばどうなるのでしょう」

そんなことを最後に尋ねてみた。

「のんびりしてられへん。先のことを常に考えて、とにかく『その時間があるのやったら、これをやっておこう』というふうに動く。そんな感じですね」

――機を見るに敏。信宏さんが受け継いだこの気質は、浅羽家由来だけではなかったのかもしれないな。

お別れしてふと思った。

そもそも、祖父の義三の「牛の涎」というのは、淡路島出身の祖母との出会いから生まれたイメージだったのではないだろうか。

だとすると。このイメージも、運と縁が生み出したものなのかもしれない。

未来図

突然雨が降ったり止んだり。じめじめとした日々が続く。
今日も野田にお邪魔する。

――奥さんとの出会いは？

「彼女は地元の人間です。地域の友達と仲良くしているうちに、自然と出会ったという感じですね。とはいえ、彼女は小学校の途中からご家庭の関係で、一時鹿児島にいたんです。そこで中高まで行って、で大阪に戻ってきた。僕と出会った時は十九歳なので、こちらに戻ってきて間なしに出会ったのでしょう。それから四年お付き合いして結婚しました。当時はまだ叔父さん（秀典）も生きていたし、祖父も生きていた。みんなに紹介すると、まあ、それまでけっこう遊んでいたので、ようやく落ち着いてくれるんやという感じで受け止められていたなと記憶しています。結婚については、僕自身三十くらいまでにしておかないと、と思っていたので。子どもができて運動会に行って、親の競技で負けるの嫌ですしね。ひっくり返ってたら格好悪いでしょ（笑）」

――奥さんもいまは一緒にお仕事をされていますよね。これも昔気質の、商人さんの感覚、例えば「ごりょんさん」といったものだったのでしょうか。

「そうかもしれません。自然なことだったように思います。小さな家内工業だったので、身内全員の手を借りないと回らないという面もありました。いまのように人材派遣の発達した時代でもなかったですし、そもそも当時の名前も有限会社浅羽計器商会ですからね（笑）。その商店の感覚がいまでも生き残っているので、妻も店の手伝いをしてくれているといった方が、正しいように思いますね」

少し違う視点で。

別テイク的コメント。

「祖父の残してくれた言葉は山ほどあって、それが僕の中で生きているなと思うことも多いんですよ。いま妻の話をしながら、ちょっと別のことを思い出していました。祖父はよくこんなことを言ったんです。『店のシャッターはもちろん自分で開ける。しかしそれより早く来ている人間がいて、開けていることがある。誰が最初に開けて、誰が最後に閉めるのか。店の上に住んでいる人間はそれを見ることができる。それも商いする人間には大事なことや』と。いまで言えばこれは個人情報だとか、違った文脈で捉えられることですが、表向きだけでは見えない、各社員の心のありようが感じ取れるということなんだと思います。数字だけを追いかけるのではなく、一緒に働いている人間の心の部分、悩みなども含めて、そっと見ておくことができる、気にかけることができる、とても大切な視点だと思います。そういったことを、一緒に共有し、気がついたことがあったら話し合える人間は誰かと考えれば、妻だということになる。小さな店だからと言いましたが、祖母、母も同じようにしてきたのは、そんな意味もあったのだろうなと」

――結婚当初は矢崎総業におられましたが、やはり会社を継ぐという自覚・思いは強かったのでしょうか。

「父に見せてもらった通帳のインパクトは大きかったので、最終的には継ぐにしても、もっと貪欲に資金を作りたいという思いが強かったですね。学生時代は百人ぐらいのイベントサークルを作って、ほぼ毎週イベントを開催していました。当時なので「ねるとん」ですよね。男女が出会うという（笑）。で、当時、野田阪神の駅前に一番館、三番館という飲み屋街のビルがあったんですよ。そのビルの上にイベントのできるワンフロアがあって、僕らもよく使っていたんです。するとオーナーのお婆さんが僕らのやってることを見て、『出資したるわ。なんか仕事しい』と言うてくれたんです。そのときは本気で人材派遣の仕事をしたいなと思っていたので、それを提案したら『そんな、自分で動かへん仕事はあかん』と断られてしまいまして……あのとき、あれをやらせてくれていたら、相当大きくなっていた自信はあるのですが（笑）。

あるいは……同じく学生時代、一九九〇（平成二）年に天保山に水族館ができたんです。で、仲間に天保山のその界隈につながりのある子がいて、そのご縁でかき氷を販売させてもらったことがありました。一日で十万以上の売り上げになりましたね。

これらは全部、以前お話をさせていただいた資生堂での販売を始めていた時代のことなので、資生堂も続けようと思っていましたし、こういったいろいろな方法でお金を稼ごうと思っていました。だから継ぐということだけを考えていたわけではなかったですね」

――お子さんのことを教えていただけますか？

「長男、次男、長女の三人です。悠成《ゆうせい》、志苑《しおん》、心乃《ここの》、すべてに心という字を入れています。

祖父が一族は近所にと言っていたこともあって、正直に言えば、三人にもスープの冷めない場所にいてほしいとは思っています。そんなことは子どもたちには一言も言っていないのですが……先週長男は就職が決まりました。いくつか内定をもらっていて、そこから絞り込んだらしいのですが、その選択の話を聞いていると、どうやらいずれ戻ってくるということが前提にあるようなんです。ここは副業ができるかを、面接の時にもかなり突っ込んで聞いたようですよ。最終的には高収入と厳しさで有名なキーエンスを選んだのですが、それも戻ることを考えてのことだったようです。社員に会社名を伝えると、『戻ってきはったら、僕らもGPS付けて管理されるんですかね』と言って笑ってくれていました。社員と息子も仲良くしてくれている。息子は社内のゴルフコンペにも参加してくれていたりするので、社員の間でも『戻ってくる』ということに、なんの抵抗もない感じなんです。これは嬉しいことですね」

――兄弟は仲が良い？

「とても良いですよ。長男と次男は年子で、二人ともサッカーをしていますし、高校も同じだったのでチームワークも良いですね。僕もサッカーは好きなので、共通の話題にもなっていますし、彼らが子どもの頃はほぼ毎週、サッカーの練習や試合を観戦に行っていました。親バカの典型みたいですけどね（笑）」

——娘さんは？

「一度インフルエンザ脳症になって、生死をさまよう経験もしてきたので、とにかく健康であってくれればいい、その一念で育てた子どもですね。なので一番わがままかな。同時にいまは思春期なのでね。抱えている案件の中では、一番デリケートなものです。明るくて面白い子でもあるし、居てくれるだけで嬉しいので、元気でいてくれていることに心から感謝している、そんな存在です」

——お子さんの存在を含め、三代目で大きくなった浅羽。これを継承するうえで、いま考えていることは？

「僕が……というよりも、家に代々伝えることってなんなのか、それをちょっと意識しています。もちろん浅羽は大きくなりました。でもそれはすべてタイミングの問題で、僕自身がとても有能であった、ということではないでしょう。ここで仕事をし始めた祖父、僕に自由になんでもさせてくれた父、兄として男としての模範を示してくれた叔父、それだけでなく、出会ってきた多くの人々との縁。それらを考えると、膨大な数の縁が背景にあって、運を得て大きくなり、恩を感じ返そうとする。継承するべきは、この感覚なのかな……。

でも走り続ける僕の性格としては、ちょっとこの辺りのことを考えるのは苦手かもしれません。おそらくそれを祖父は見抜いていたのでしょう。実は祖父から、『これを伝えたらいい』というヒントはもらっているんです。祖父は何も言ってませんので、僕の勝手な思い込みではあるのですが。

あれは僕が大学の一年生の時のことです。それ以前からずっと周りに『英語を勉強するべきだ』と言われ続けていたのですが、高校時代にはまったく勉強していなかった。そのことを遅ればせながら実感し、『海外に行かせてほしい』と祖父にお願いしたんです。祖父は『どれくらい行きたいのや』と尋ねる。具体的なプランは考えてなかったので『一週間くらいかな』と答えると、六十万円をばっと出して、『これがなくなるまで、帰ってくるな』と言ってくれたんです。そうなるとこちらも少しでも長く旅をしたい。格安のチケットやホテルを現地調達し、自由な一人旅を楽しみました。おかげで一か月以上アメリカにいて、西海岸から東海岸まで、数多くの都市をめぐりました。英語の方も力はつきましたが、なんと言っても人の考え方、生活のあり方、その多様なありように触れることが楽しかった。世の中の見え方も変わってくる。この経験は、僕が死んでしまうまで僕の財産であり続ける。六十万円という金額は、旅の前は大きく見えたけれど、経験の方が重くなっていくうちに、価値観自体が変化していった。つまりモノではなく、コトへの視点の変化。そんな経験をさせてもらったことが、いまの僕の動きにつながっているのは間違いありません。母の死後、命の儚さについては嫌というほど感じさせられていたのですが、その経験のインパクトが大きかっただけに、ある部分ではかえって小さく閉じこもっていたのかもしれません。僕は英語の勉強のつもりで祖父に旅行のお願いをしたのですが、祖父はその背景まで見ていたのでしょう。おかげで人と社会が結びつくことで、モノがコトに変化してゆく姿を、直接学ぶことができました。その慧眼にはいまさらながら頭が上がりません。

長男と次男にも、中学二年生になった時、一人でイギリスに行かせました。娘も近々ロサンゼルスに行く予定。これは『浅羽家の伝統』にしてゆきたいと思っています」

――会社運営のうえでの具体的な方針としては？

「いま、父も叔父たちもいなくなった一族においては、僕が男性としては一番年上になったんです。そうするとやはり後継のことは真剣に考えなくてはいけませんよね。イメージとしては、今後、別会社を一つ作ります。浅羽とは完全に独立した会社で、モビリティ分野を中心とした、製造・開発・販売・メンテナンスの会社として成長させたいと思っています。会社の名前は、まあ あくまでも仮ではありますが、モビリティ・サービス・ジャパンとしようかと。

いまの浅羽でやっていることは、ある程度一定の内容に固め、いまのチームをベースに深めていく。一方私の方は、あと数年で浅羽では会長になり、新しい会社のベースを作る。この会社がある程度安定し始めた段階で、ホールディングス化を考えたいと。会社のシステムの継承というのは、結局のところ変化にどれほど柔軟に対応できるのかを、『システム』としてどう捉えるか、それが問題の本質だと思っています。また浅羽の伝統、一族での経営をそこに投影するなら、僕には二人の息子がいる。二人とも同じことをしているよりも、変化に対応できるべく、違ったブランチを形成してゆくことが現実的でしょう。浅羽と新しい会社。それぞれを息子たち二人が継ぐ……将来的には彼らに子どもができ、また娘にも縁が生まれてゆけば、さらに多くのブランチを持つホールディングスとなれるかもしれません。そうすれば可能性はどんどん増えてゆく。その前例を僕の最後の仕事としてやっておきたいと思っているのです」

取材が終わって寿司屋にて

寿司屋に入ったがコロナ禍の自粛もあって、限られた時間の中でお造りをつつくことに。

ビールを飲みながら、信宏さんはまたちょっと違った表情を見せている。
その表情を見ながら、不思議な光景が目に浮かぶ。

例えば『吾妻鏡』にあるという浅羽家と守護との対立。
「いくら守護だからといっても、道理が通らないものは通らん。いつもこちらがすべて首を縦に振ると思われては困る」
そんなことを、酒を片手に一族や仲間と共に語っていたご先祖は、こんな感じではなかったのかな。それがだんだんリアルに感じられ、まるで目の前で記録映像を見ているような気になってくる。

守護に楯突いた浅羽を、その後も源頼朝は大切にする。それは、この真っ直ぐなところと、なんとも言えない愛嬌があったからではないだろうか。頼朝とて人。好き嫌いも当然あったろう。いま、目の前にいるこの人の感じ。それを頼朝も愛したのではないだろうか。

別に関係がご先祖と守護のように険悪であるわけではなく、矢崎総業とはとても良い間柄ではあるのだが、何でもかんでも「おっしゃる通り」という浅羽計器ではない。またいつまでも

「矢崎にばかり世話になるわけにはいかない」という気概もある。

いま、新しい会社を作ってホールディングスを目指す。その動きの背景には、一族に脈々と受け継がれる「心の波」のようなものがある。

それをこの場であらためて感じた。

五

黄色いスケッチ

スケッチ① 旧浅羽町

「義彦さん！　お久しぶり！　郁江さんも元気?!」

よく晴れた日。

細い農道のような道をくぐり抜けた先に、初老の男女が立っている。

信宏さんは車から顔を出すと、大きく手を振って満面の笑みだ。

淡路島でも、矢崎総業を訪ねた時も同じであったが、ここ静岡の「ご実家」に行っても、信宏さんは、まるで懐いている犬が切れるのではないかという勢いで尻尾を振り、じゃれるかのように嬉しそうにしている。

先方も、孫や息子が帰ってきたかのように、いまにも抱き締めそうな勢いで出迎える。信宏さんの言った「柔らかさ」とか「運・縁・恩」といった概念も、実際に彼が人とどう接しているのかを見てみないと、その温度や質感がわからない。あらためて「ああそういう感じ」と、納得をした。

古風な純日本風の、農家らしいお宅に入らせていただく。

どうやら「作家が来て、家の歴史のことを知りたい」という前触れがあったらしく、学校の先生をされている浅羽義彦氏が、さまざまな資料を持って待っていてくれた。こちらを歴史の専門家であるかのように感じておられるようで、なかなかぎこちない始まりであったが、歴史の話になると目を輝かせて義彦氏は饒舌になった。

「遠江の浅羽にも大きく二系統あるんです」

どういうことなのかと尋ねると、『吾妻鏡』にある浅羽庄司宗信の系列と、自分たちの浅羽はおそらく違う家だと思うとのことであった。理由は明確ではないが、そう「感じる」のだそうだ。

浅羽庄司宗信は土地を治める有力者。

一方信宏さんの家系は、春日神社の社家であり、藤原家であるという。

当時の地位としても違ってくる。

――たしかに……その可能性はある。

ただ、その両家が別だと否定することも断定することも、難しいのではないかと感じる。浅羽庄司宗信が「遠江の浅羽」の名前が記録されている最初である。当然その年代は十二、三世紀のこと。しかし春日神社の社家としてこの地に「信宏さんの先祖」がやってきたのは、慶雲四（七〇七）年と伝えられている。その頃、浅羽之庄豊岡にいた有徳の兄弟・次郎左衛門と三郎左衛門がいた。元明天皇はその兄弟に対し、「豊田左京大夫藤原朝臣勝家」「豊田右京允藤原朝臣勝次」の名を与え、南都から春日・八幡の二社を迎えさせ、前者に春日神社、後者に八幡宮の神主を代々続けるよう命じたとのこと。

これを信じるなら、両者には関係がなかった――と主張することもできるかもしれない。

しかし、この七〇七年の伝承は、普通に考えればあり得ない。

七〇七年には平城京はまだできていない。

そして八幡に関しては、大仏鋳造に伴って九州より中央に進出してきたのが最初であるから、これも時代的におかしい。この伝承は信政という大僧都が十六世紀に「写した」とされる春日・八幡の起源であるとのこと。根拠とするには、あまりにも不確かな内容であると言わざるを得ない。

一般的な「日本史」の感覚でこれらを読み解けば次のようになるのではないだろうか。

墾田永年私財法が天平十五（七四三）年に制定され、各地に荘園が造営されるようになる。天平宝字元（七五七）年には養老律令も制定され、中央に「神祇官」も置かれ、神社行政が整理され、寺社の荘園も国家の管理体制の中に敷かれた。

一方初期の荘園は、土地を得たといっても「土地のみ」であり、そこに付随する農民がいたわけではなかった。つまり開墾のためには周辺農民の動員が不可欠であった。それを可能にするためには、在地有力者の協力が必要になる。

そこで考えられることは、①在地有力者に「神社行政上の地位と特権」を与える。律令体制の中で法が整えられているので、その地位と特権は「公的」にも認められているものとなる。②その代償として有力者に荘園を開墾させ、収穫のうち二割の賃租を支払わせる。③地域をまとめるために、有力者に「神社」を与え、治めさせる。といったプロセスではないだろうか。

浅羽庄については、何らかの理由で春日神社と、中央に進出したばかりの八幡が、「共同統治」という方向で、在地の有力者と提携をした。提携をしたのが、「次郎左衛門」と「三郎左衛門」の「兄弟」（あるいは義兄弟）であった。春日神社には「藤原」の名を与える権威があ

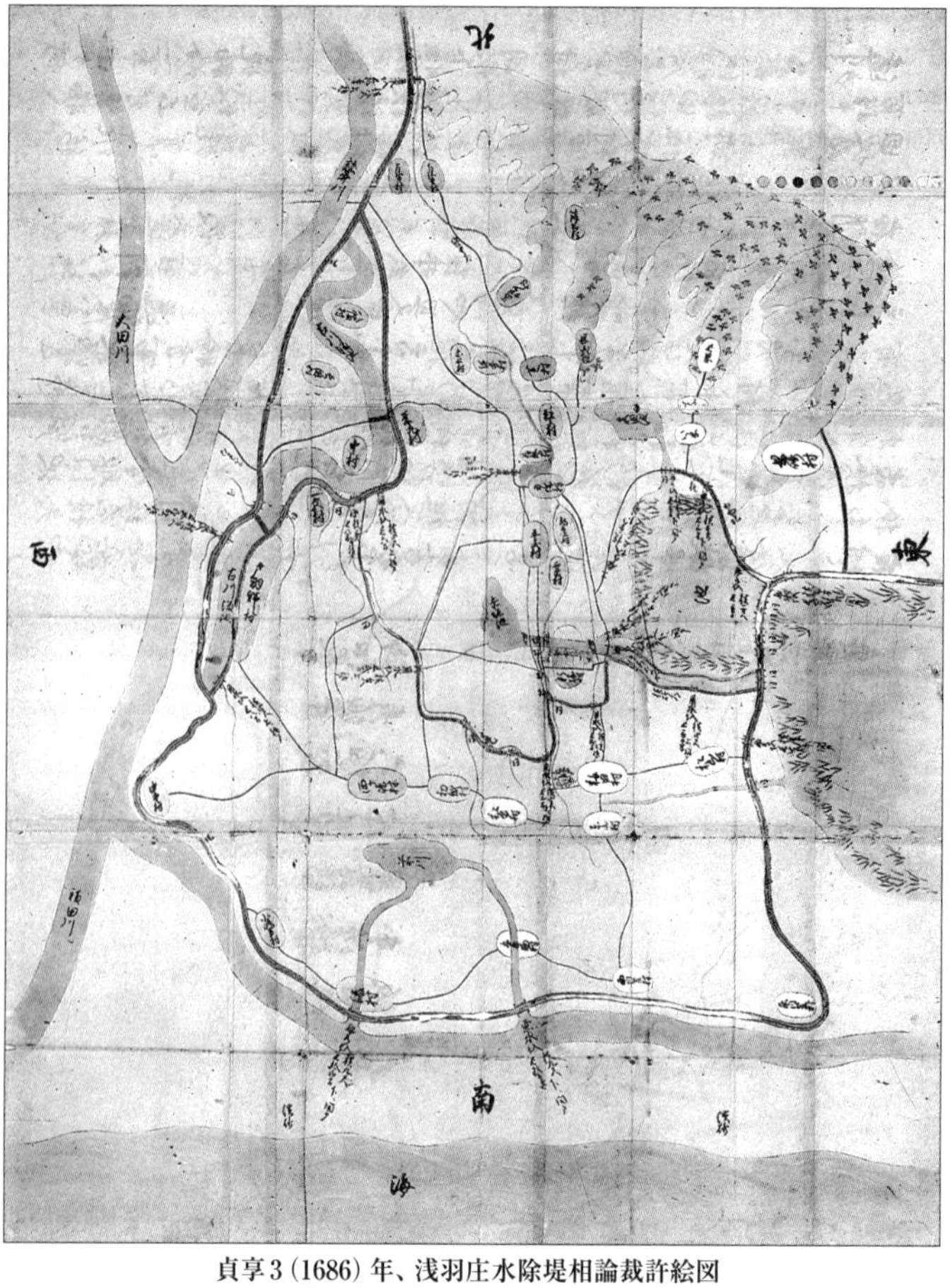

貞享3（1686）年、浅羽庄水除堤相論裁許絵図

出典『図説　浅羽町史』2001年、42頁

る。一方八幡には「東大寺大仏完成」以後の勢いと財力がある。そんなところだろうか。

二社がそこまでして欲しいと考えた浅羽庄。想像を逞しくすれば、それは海上ルートの確保のうえでも重要な拠点であったのではないだろうか。旧浅羽町の浅羽海岸周辺を湊というが、ここは太田川の河口流域であり、古くから物流の一つの拠点であった可能性が高い。特に西隣に天竜川の河口があり、その川上から建築素材を下ろし、この河口で遠方へ運ぶ船に積み替えていた。それを考えると、浅羽庄は当時「まだ手つかず」の「天竜系第二埠頭」であったのではないだろうか。

そして浅羽庄の「有力者」たちは、すでに「地域型」物流ネットワークを形成していて、武蔵七党の浅羽家関係者も多くここで利権を持っていた可能性も考えられる。藤原姓を与えられた浅羽一族の二人。彼らがそれぞれに春日・八幡の神官となり、荘園の管理運営を行っていた。それが「ご先祖」――作家としては、そんな「空想」をしたくなる。

ただ、神社の由緒には「最初は摂関家の氏神である春日神が大和から迎えられ、南北朝期になって新たに源氏の氏神である八幡神が迎えられてからは両神が共存する大変珍しい形の神社となり、現在に至っています」と記されている。

梅山八幡神社と春日神社
出典『浅羽町史　通史編』2000年、321頁

義彦氏と、姉の郁江さんらとともに、すぐ隣の常林寺にあるファン・ボイ・チャウの碑文を拝見し、浅羽家の墓も参らせてもらった。家紋は鷹の羽。左重ねの打ち違い。厳密には羽の軸の先が尖っているとのこと。なお鷹の羽の紋といえば、蒙古襲来の図に出てくる九州阿蘇の菊池家が有名である。その家紋をこぞって使い始めるのが足利時代以降と言われる。浅羽家の場合、いつからこの紋を使用したのかは、はっきりしたことがわからない。もしかしたら南北朝期に、春日と八幡の権威が逆転し、土地を治める社家としては併存しなければならなくなったのかもしれない。

続いて彼らが守る神社に向かった。たしかに不思議な神社であった。鳥居をくぐって右手に春日神社、左に八幡。並んで祀られている。鳥居をくぐる前に、いまの神社の御当主・浅羽秀一氏に遭遇した。義彦氏らは、彼らのことを「本家《ほんや》」と言っている。ファン・ボイ・チャウを保護した佐喜太郎の直系の末裔なのだそうだ。

あらためて家系図をまとめてもらうことにした。

八緒は名のごとく、八番目の子ども。上七人がすべて女だったので、末っ子だが長男である。この長男の家系が「信宏さんの流れ」となる。一方「佐喜太郎の流れ」は、八緒の姉（長女）が、茂野家の義樹という人物と結ばれて成立した家系である。この義樹は相当に「機を見るに敏」であり、明治維新の時、早々に維新軍に参加し、功成り名遂げ、以後は活動の拠点を東京に移したのであった。佐喜太郎はその子ども。小田原にいたのは、袋井からではなく、東京から離れたということであった。

「ただ、実際にファン・ボイ・チャウを匿ったのは、ここの浅羽。旧浅羽町にある本家の屋敷しかなかったんです。でも彼らは皆東京方面にいた。実際に面倒を見たのは、八緒の妻、さのさんだったんです。なのでファン・ボイ・チャウもここに碑を残したんですよ」

浅羽家系図

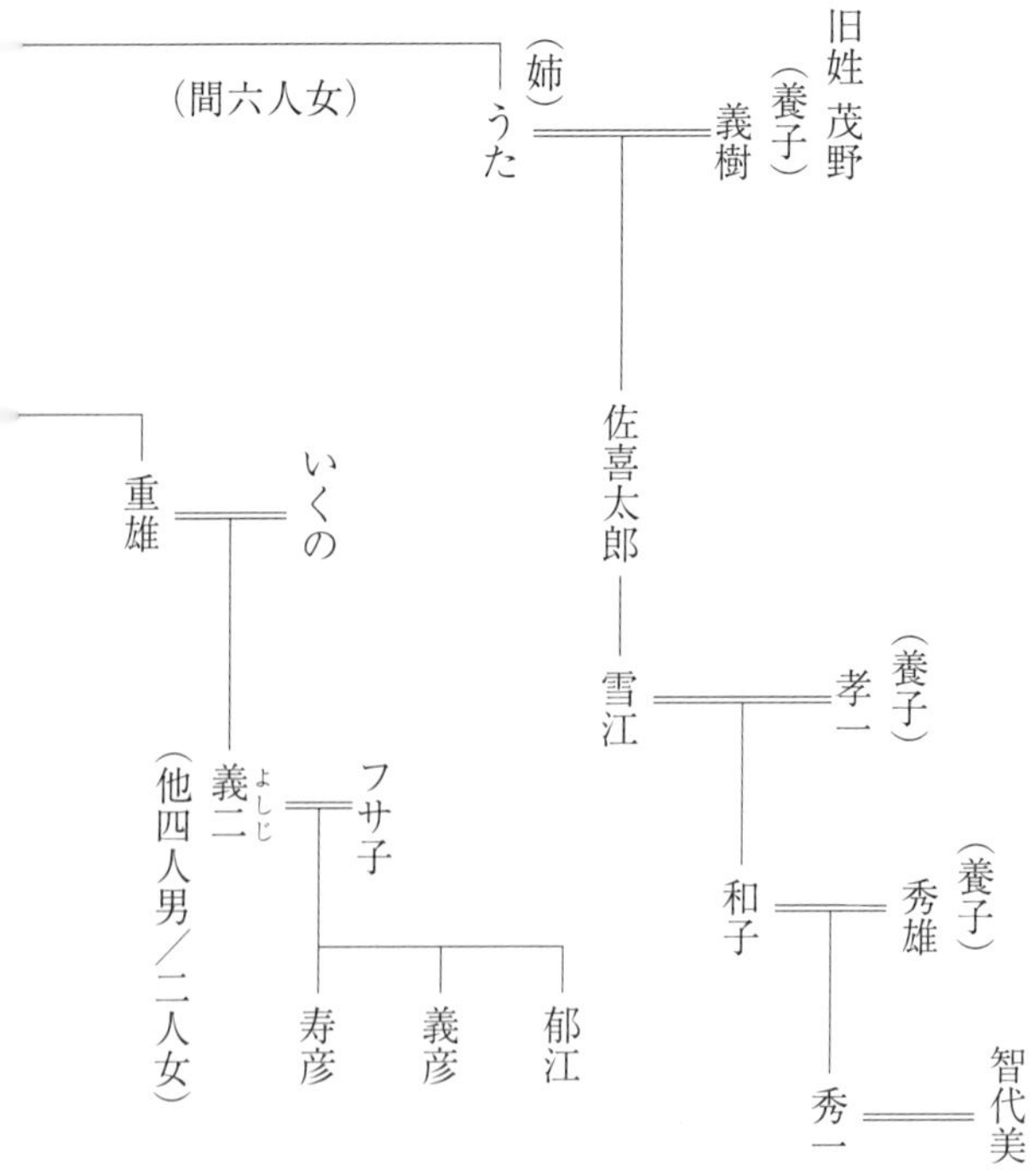
旧姓 茂野
（養子）
義樹
（姉）
うた
（間六人女）
佐喜太郎
雪江
（養子）
孝一
和子
（養子）
秀雄
秀一
智代美
重雄
いくの
義二《よしじ》
フサ子
郁江
義彦
寿彦
（他四人男／二人女）

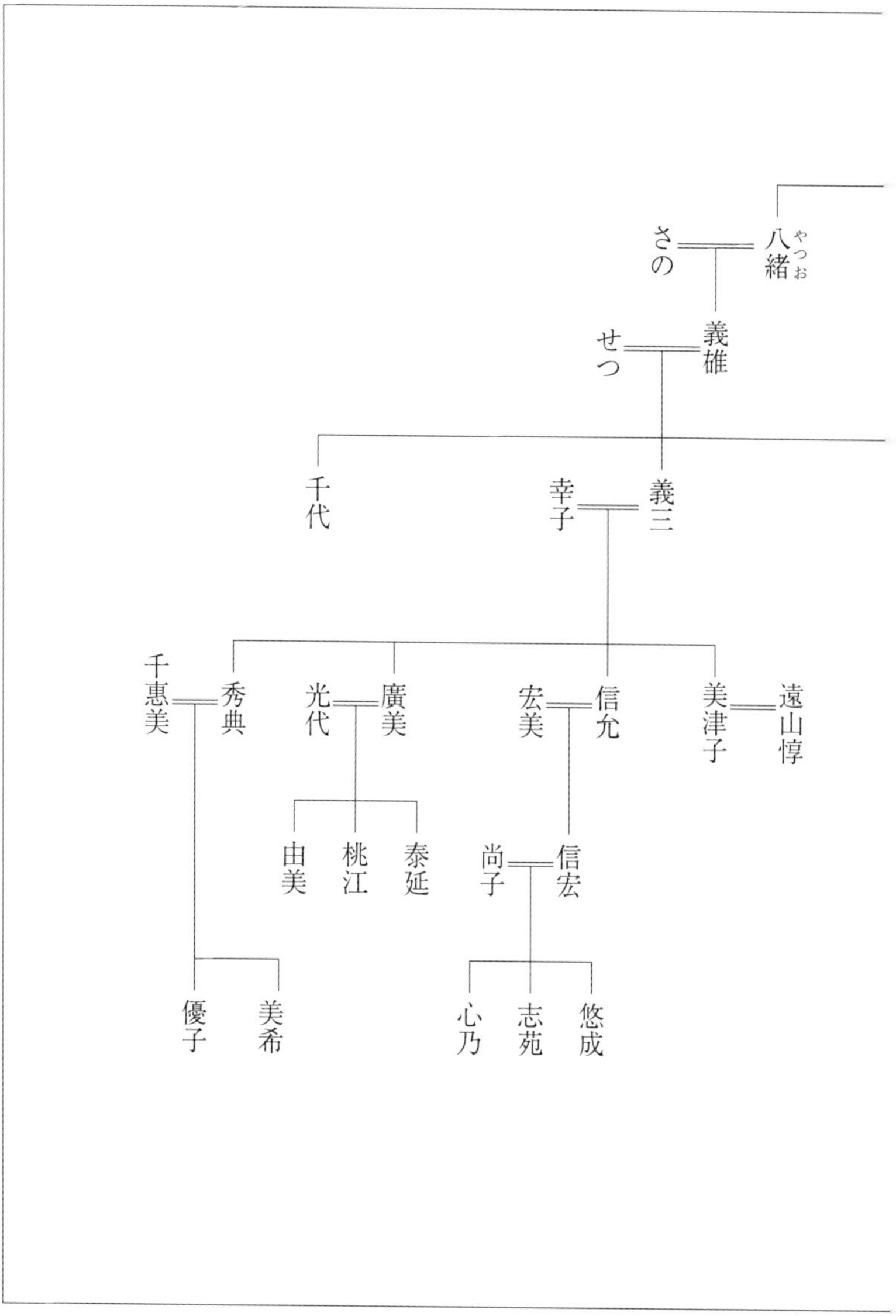
八緒《やつお》
さの
義雄
せつ
義三
幸子
千代
遠山惇
美津子
信允
宏美
廣美
光代
秀典
千恵美
信宏
尚子
泰延
桃江
由美
悠成
志苑
心乃
美希
優子

疑問が浮かぶ。

なぜ長女の家系が「本家」なのか。

「ところで義彦さんは、大阪の浅羽の方には、よく遊びに行かれたのでしょうか」

「そうですね……万博の時に遊びに行ったのは覚えています」

ほとんどこの地を離れず、現在は教師をしているとのこと。

一方姉の郁江さんは幼い頃から野田の浅羽家によく遊びに行っていた。「おいでよ」と言われればホイホイと出かけてゆく。信宏さんともよく遊んだそうだが、彼女もこう言った。

「一番遊びを教えてくれたのは、秀典さんでした」

ここでも叔父さんは人気者であった。

彼らに言わせると、浅羽家の人間は性格が極端に二分されているのだそうだ。「性格は温厚で、この地を離れず、守るという人」と「好奇心旺盛で、思い立ったらどこにでも行く人」。いわば陰と陽。このきょうだいも綺麗に性格が分かれ、八緒も、次の当主義雄《よしお》も、重雄も、義二も皆温厚で、義彦氏同様「陰」であったという。「陽」であったのは女性たちで、おそらく義樹と結ばれた長女の性格は積極的であったのであろう。義樹の栄達の背景には、その勢いがあり、その勢いがまた、本当であれば本家ではないはずの自身の家系を、「本家」として認めさせたのではないかという気がする。

信宏さんの祖父、義三の性格は「陽」。ゆえに義の名も拒んでいたという。「羊に我などと、そんな従属させられる名前は嫌だ！」と言い、真剣に「信允」と名を変えようとしたのだとか。結局それは果たせず、自身の息子の名とした。義三の子どもも、長男・次男が「陰」、三男秀典が「陽」。叔父さんを慕っている人が多いのも、どうやら浅羽流の陰陽に根っこがあるようだ。

＊＊＊

柏手を叩き、春日・八幡二つ並んだ社を前にして思った。

――「変化に対応して、調和・調整できれば、何だってできるでしょう」。その原点がここにあったのかもしれない。

帰りの車の中で信宏さんに尋ねた。

「どうして義三さんは、ここを出てゆこうと思ったんでしょう？　たしかに大阪は何をしても儲かる場所だったかもしれないけど、本当に出てゆくという行動を彼に取らせたのは、何だったんでしょう？」

「ここは好きですけれど、ずっと住んでいろと言われれば、僕もいやかも」

そう言って信宏さんは、悪戯っぽく笑った。

＊　＊　＊

帰宅後『吾妻鏡』をもう一度見直した。

吉川弘文館の『現代語訳　吾妻鏡』には、このように書かれている。

治承五年三月十三日

安田三郎（義定）の使者武藤五が遠江国から鎌倉へ参り、義定の言葉を申した。「御代官として当国を守護し、平氏の襲来を待ちうけています。なかでも、御命令を受け橋本へ向かって、要害を構えようとして人夫を召し集めましたところ、浅羽庄司宗信・相良三郎（長頼）等がなにかと私をないがしろにし、協力しません。その上、私が地面に降りていた時、その両人は馬に乗ったままで前を通り過ぎました。これは既に野心を抱くものです。そのため彼等の一族は、今も多く平家に属しております。すぐにも刑罰をお加えになるべきです。」という。

治承五年三月十四日

浅羽庄司（宗信）・相良三郎（長頼）等のことについて、一方の鬱憤による訴えだけを聞いて罪科に処すことは難しいと、（頼朝が）武藤五に言い含められたところ、武藤が申して言うには、「彼らの奇怪な行為を訴えるために使者が派遣されたことは、遠江国中に知れ渡っております。それなのに裁許を得られずに空しく帰国したならば、義定の威勢は無いようなものです。後日もし偽りの訴えであるとお聞きになったならば、使者の私を斬罪にしてください。」とのことである。これによって、彼らの所領は、義定主《ぬし》が没収して管理せよと、頼朝からの御書状が出された。ただし宗信等が後日陳謝し、もし、その道筋が通っていれば、逆に訴人を罪科に処すとも書き載せられたという。

ここから感じること。

まず、情けなくも頼朝の権威に縋らなければならなかった安田義定の姿が見える。その情けなさに頼朝もため息の出る思いであったのではないだろうか。特に「そのうえ」と言いながらも、義定が一番怒っていたのは自分が馬から降りている時に、浅羽らが降りなかったということだろう。

この浅羽の態度から見えてくる可能性は二つ。一つはとても「実務的」であったのではないか。馬から降りて挨拶するのも良いが、それができないような「急務」があったのかもしれない。もう一つは自分たちは代々春日・八幡の配下であり、「藤原」を名乗ることを許されているという意識が強く、守護に対して「所詮、頼朝の三下」という意識があったのかもしれない。

守護は使者まで出して頼朝に訴えにくる。頼朝は最終的には守護の訴えを聞き入れるのであるが、しつこいほど「本当にこれで良いのか」と浅羽らへの気遣いを示している。興味深いのは、「(浅羽の)一族が平家にも属している」という点である。これは浅羽氏の言葉で言うならば「変化に対応する」という発想であると同時に、どこかで武家を超越している社家独特の感覚を感じさせられる。

また浅羽佐喜太郎のファン・ボイ・チャウへの支援も、この一族らしい行動と言える。国としてはフランスとの条約上、ヴェトナムの独立を支援することはできない。それは『吾妻鏡』の安田義定同様、「現世の政」に与えられた権威にしがみつく者の考え方である。

それに対して浅羽家は「(政ではなく) 祭りごと」を司る社家の家系として、人の「道理」を重んじている。当時の政府がその後、武力によってアジア諸国を解放するも、結局は敗戦し、多くの国民を殺してしまうのに対し、浅羽は、ファン・ボイ・チャウから心からの感謝の言葉を得、遺《のこ》った者たちがそれを刻む。石碑は半永久的に遺ることであろう。

日先のことに囚われず、道理を通すことを選ぶ彼らならではの、運、縁、恩。

『吾妻鏡』の数ページからも、その力を感じる。

スケッチ②　浅羽を守る女の務め――幸子抄　一

義三の妻・幸子。この人の意見は絶対と言われていたらしい。

立場の違う浅羽家の二人の女性に思い出を聞いた。


まずは信允の次弟・廣美の妻・光代さんの話。


「おはようございます」

朝、挨拶をすると必ず何かを注意される。何が悪いのかという説明もなく、ただ注意される。結局よくわからない。そんな幸子とのやりとりが、最初はずいぶん苦痛であったそうだ。

誰にも相談できない。

実家にも言うことができない。

同じ立場にいる人といえば兄嫁の宏美だった。幸子は宏美にも相当に厳しかった。しかし宏美はなんと言っても長男・信允の妻。相応の気遣いも受けているように見えた。また病の身でもある。となれば自分への集中砲火は免れない。

たまりかねてある信頼のできる人に相談をした。

「その方にこう言われました。『お義母さんが砥石となって、あなたを磨いてくれているんですよ。感謝ですね。本当に幸せですね』と。それではっと目が覚めました。すべてを受け入れられるようにもなりました」

結婚して十年が過ぎた頃、幸子は光代さんの実家に電話をする。

「私の厳しいのに（＝大阪の言葉。私は日頃ついつい厳しくしているのですが）、ずっとついて来てくれたんです。ありがたく思っています」

この話を母の知人から伝え聞いた時、ようやく一人前の嫁、商売人の嫁として認めていただけたと、嬉しく思ったのだそうだ。

「お義母さんは厳しい方でしたが、いろんなところにも連れて行ってくださいました。特に観劇がお好きで、宝塚や歌舞伎、中座にも二人でよく行きました。私も厳しいところは苦手でしたが、人としては嫌いな方ではなかった。どこかで波長は合っていたのだと思います」

光代さんが苦しんでいる時に、夫の廣美はそれをどう見ていたのだろうか。

「ノータッチ。主人は仕事が大好きな人でしたから。そもそも仕事以外には興味を持っていないんです。家にいても、常に会社のことが気になっている人でした。とはいえ、家庭に仕事を持ち帰ることもしません。こちらに心配をかけないように、何も言わない。ですので、私にとって最も接点の多い人はやはりお義母さんでした」

廣美はどんな人だったのだろうか。

「幼い頃に二年ほど淡路島に預けられていたこともあってか、浅羽家の人々を少し遠くから眺めるようなところがあったような気がします。兄弟はとても仲が良く、特に弟の秀典さんとは仲良しでした。おそらく、仕事を含め、悩みの多くは秀典さんにお話ししていたのではないでしょうか。信允さんとも仲が良かったのですが、ライバル心もあったと思います。どうしてもお義母さんは昔ながらの『長男、長男、長男』で来ている人だったので、『兄はすごく褒めてもらえるのに、自分は親には認めてもらえない』という思いがあったようです」

その後幸子とは。

「徐々になんでも言える人になっていきました。例えば子育てのことでも、わからないことがあればお義母さんに尋ねる。するときちっと教えてくださるんです。そういった対話を続けてゆくなかで、厳しさの中にある深い愛情を感じられるようになっていきました。『女が男を育てる』。これはお義母さんの信念でしたが、それを私に教えたかったのでしょうね」

一方で、幸子も光代さんに甘えるところがあったようだ。

「突然お義母さんから電話がかかってきたんです。買ってきてほしいものがあるとのことで。『ちょっと、買ってきて』。でもこちらは食事中だったので、『わかりました。でも、ちょっと待っていただけますか』と言ってみましたが、だめ。いまでないとだめ。お義母さんには『待たれへん』という、子どもっぽいところもあったんですよ」

ちなみに何を買ってきてほしかったのかと言えば、あんパンであったという。

では、義三はどんな人であったのか。

「お義父さんから教えていただいたのは『ケチはあかん』ということでした。『商売人は節約をしてもいいが、ケチにはなるな』と。また、とにかく近くに住むことを好まれました。一度、少し離れたところ……と言いましても、淀川を渡ってすぐの所だったのですが、そこに住みたいと申し上げたところ、遠すぎるとのことで、結局海老江に住むことに。

人としては、とても物静かで、温厚な方でしたね。でも、思ったらきちっと行動される方でもありました。これはおそらく浅羽家の男の性格なんだと思います。信允さんや主人を見ていると、その流れを感じますね」

ご子息の泰延氏も。

「たしかにあの子はかっとするところもなく、いつも静かに分析をしていますね。間違いなく浅羽の男という気はします。ただ……頑固でね。なかなか難しい人なんですよ。こちらが感情的に意見すると、論理的に返してくる。気がついたらこっちが諭されてしまうんです。それにしても……お義父さん、お義母さん、ともに孫には甘かったんですよ。それはそれは。でもこれも『役割』として、ご自身のあり方を見据えてのことだったように思います。私たち嫁は、朝、お二人に子どもを預け、日中は仕事に専念することができました。本当にずっと見てくださったんですよ。やはり昔ながらの商家のあり方なんでしょうね。そのうえで、一番大事なのは家族の結束。特に嫁は他家から来ている人間の集団です。それを束ね、家族としての絆にまで高めるのは、並大抵のことではなかったと思います。つくづく立派な方だと」

光代さんは幸子の晩年、病床で最期を迎える時期になって、感じたことがあるという。

「病室で寝ているお義母さんの脚をさすってあげていました。最初は誰がしているのか、わからなかったみたいですが、気づいた後はじっとこちらを見ている。『また明日来るね』と言って病室を離れようとしても、ただじっと見ているんです。そのときに感じました。本当の親子以上の心のつながりを。ようやく、深くわかり合えたのだと。

それにしても、お義母さんは体が弱っても、勝ち気でしたね……生来一番が大好きな人でしたから。もちろん看護師さんにはお世話してもらっていましたが、誰にも面倒はかけたくない。だから痛いところがあっても、まったく訴えなかったんです。そうして堂々と人生を全うなされました。ああ、立派な最期だなと、偉大な方だったなと、心の底から思いました」

「女が男を育てる」という幸子の信念。それは泰延氏の妻に対しても、教育されるのだろうか。

「それはね……時代的にも、入り込むべきことではありませんよね。ただ、孫たちは、信宏さんのお子さんにも仲良くしていただいています。特に心乃ちゃんのことが大好き」

方法は違うが、その時代にあった形で、自然に浅羽家の結束、女たちの絆は深くなっているのだと思う。

スケッチ③　浅羽を守る女の務め――幸子抄　二

信宏さんの妻、尚子さんは幸子のことを、嬉しそうな目をしながら思い出していた。

「本当によくしていただいたんです」

尚子さんは元々実家でも祖母と生活をしていたので、「おばあちゃんと過ごす」ということが好きだったという。しかし、それだけでは説明がつかないほど、幸子との関係は「良好」であったようだ。

最初に出会ったのは、信宏さんに連れられて浅羽家に遊びに行った時。そのときから幸子は尚子さんに対して、このうえもなく優しかったという。

「おおらかで優しいという印象でした。その後も、怒ったところなど見たこともありません。また、お義祖父さん（義三）は静かで、無口で、ほとんど喋らない。ただニコニコして温かく見守ってくださっている。そんなお二人の雰囲気が大好きでした」

まだ信宏さんと結婚する前から、尚子さんは義三・幸子夫妻とよく食事をしたという。特に楽しみだったのは、週に一度の堺での食事だった。

「歯の矯正をしたいと思っていた時に、お義祖母さんのご親戚の歯医者さんを紹介していただき、一緒に行こうということに。以来、週一回、お二人と堺にあった歯医者さんに出かけ、その後食事をするようになったんです。お義祖父さんは出歩かない人だったので、一緒に出かけるのはこのときくらい。お義祖母さんに引っ張ってもらっている感じで……本当に素敵なお二人でした」

結婚する前に義三は他界する。しかし幸子はお葬式の時に、尚子さんを家族として迎え、記念写真も一緒に入るように言ったという。

尚子さんは特に幸子との思い出が多い。よく淡路島にも連れて行ってもらったそうだ。行き先は幸子の実家と、信宏さんの母・宏美の実家。その途中にある行きつけの旅館「うめ丸」もお決まりのコースだった。

幸子と多くの時間を過ごすなかで、尚子さんは信宏さんのことを教えてもらった。幸子曰く、信宏さんは性格的に義三に似ているところが多いとのことで、自身の経験を含め、かなり具体的に多くのことを話してくれた。その教えの根幹には「女が男を育て、支える」という幸子の信念があったことは言うまでもない。

幸子の尚子さんに対する態度は、実際、特別であったようだ。周りから見ていても「甘やかされすぎ」と笑われるほどであったらしい。ただ尚子さんもそれを、とても深く受け止めていた。それゆえに、幸子が大腿骨骨折で寝たきりになった後も、ヘルパーとともに懸命に介護をした。

「実の祖母にもしたことがないのですが、すべてのことを含め介護させていただくことになんの抵抗もなかったのです。本当に最後までさせていただきました」

とても興味深いのは、その介護に娘の心乃さんも協力していたということであった。

「お義祖母さんは、悠成、志苑が生まれた時も喜んでくださったのですが、心乃が生まれた時の喜びようは破格でした。毎日のように『女の子が生まれて本当によかった』と、そればかり。心乃もなついて、お義祖母さんの髪を結ったりしていました。子どものやることなのでかなり痛かったと思うのですが、お義祖母さんはそれでも嬉しそうにしてくださって」

光代さんと尚子さんの見てきた幸子は、一見真逆の印象を受けるのだが、そこに共通するのは、「お家を守る」という信念。現代的には古風極まりないと言われそうな、日本ならではの「女系」の役割に対するこだわりがある。おそらく、それは幸子に至るずっと前から脈々と受け継がれてきた「何か」なのであろう。「心の伝統」と言ってもいい。伝統の前では、人は「私」を捨て、「使命」に対し従順になる。また、きちっと守ってきた人間に対し、周りの者は敬意を払う。

「お義祖母さんの言うことは、浅羽家では絶対でした」

尚子さんはそう言う。

同時に尚子さんの中に、自然と使命感が育まれていることを感じる。

そしてそれを心乃さんも、直感的に受け継いでいる。

最後に尚子さんは、こう言って笑いながら涙を浮かべていた。

「お義祖母さんは、何をしても必ず『ありがとう』と言う人でした。だからみんなに愛されていたのだと思います」

スケッチ④　幻影——存在しない信宏さん

信宏さんの不思議な幻影は母親というテーマを伴って、いくつも顔を出す。

件の「お母さん」の本の被写体である「母親」には子どもがいる。

長男・次男・長女。

皆、立派なひとかどの人物である。

一人は政財界、一人は財界、一人は芸能。

その彼らが異口同音に語る。

いま自分があるのは母のおかげだと。

日曜日には、どれほど多忙で、どれほど離れていても、彼らはできるだけ実家の母に会いに行く。誕生日ともなれば、百人以上の人が集う大きなパーティーが開催される。パーティーがない年には、家が埋まってしまいそうなほど、花が届けられる。

「年老いた母」に花を贈る信宏さんはいない。

「年老いた叔父さん」とスポーツをして、「勝った！」と年甲斐もなく喜んでいる信宏さんはいない。

でも、なぜか「お母さん」の本を書くタイミングで出会った信宏さんにも、そんなことがあったのではないかという錯覚を覚えてしまう。文筆もまた、「感じる」テクノロジーとして、想像の中でいまでも空白の「途中」を埋めている。それはとても柔らかいコントロールであり、微笑みながら私の過去を書き換えてくれている。


これからいく年か先、老母や老いた叔父と語り合う信宏さんが「存在している」という「書き換え」が残り、記憶をぶれさせてゆくかもしれない。そんな錯覚が私の中で「真実」となり、人に語っているかもしれない。


その記憶の方が、私の心情のうえでは「都合が良い」。

例え「記憶違い」と言われても、その方が良い。

ずっと良い。

スケッチ⑤　「感じる」テクノロジーとは……

つまるところ、それはなんだ。

人工知能とカメラ、またドローンの可能性などを語っていた信宏さん。モノからコトへという質的転換。さらにはモノガタリへ。

コトをモノガタリにするには――

想像力の弱くなった現代の「個人」には――

空白の「途中」を想像によって埋め、「いまをどう感じるのか」を意識する「手助け」が必要になる。過去の記憶を書き換え、いまを生きる「コト」の鼓動を感じ、モノガタリとして読み解く、その手助けだ。力強く乗り越えなければならないのは「記憶と人との関係」に対するパラダイムではないのだろうか。

受験勉強を含める教育の性質のせいか、限られた情報をただ覚えることが「良いこと」のような錯覚を我々は持っている。クイズ番組が成立するのもそのためだ。そして記憶されたコンテンツこそが重要という視点で、本を読み、文字を書く人間も多い。小説を書く、文章を書く、その前に方法を「学ぼう」とする人もいる。

感じる前に、理解しようとする。

記憶の正確な人工知能を恐れ、シンギュラリティなどというありもしない幻想に怯える。

記憶の曖昧な人間は、邪魔になり、なんとかどこかに仕舞い込んで蓋を閉めようとする。

記憶はそんなに大事なのだろうか。

あの本の「お母さん」。

会うたびに「初めまして」の彼女には、私に対する記憶はない。

しかし数時間話しているうちに、じっと私を見る。

そしてこちらがどきりとすることを言う。

「優しさは隠せない」

「あなたは浮気はしないが、好きな人ができれば家庭を捨てる」

たった数時間で、そんなことを言ってのける。

魂が深化した人間には、それができるのだろう。

記憶など必要なくなる。

信宏さんは母と叔父を早くに失った。

正確な記憶が根を張れば、彼は生きてはいけなかったろう。

一時的に自暴自棄になり、遊びまくっていたのは、記憶と忘却の戦い、いやバランスだったのではないか。

それを感じる祖父は、六十万を与えて世界に飛び立たせた。

記憶の書き換えが起きる。

現代に対応できる基礎が生まれた。

それは浅羽計器の動きとも連動する。

主な仕事であった修理は、過去の記憶を保たせる動き。
それに対し、彼の提案するデジタルタコグラフは、現状に対応し変化させる動き。
前者は過去。
後者は現代。

デジタルタコグラフは、過去に縛られていては生きることができなかった信宏さんにとって、「生きること」を示すテクノロジーでもあった。それゆえに、それを導入した先の人々も、コミュニケーションを多様化させ、ドライバーの質を上げるだけではなく、そこに従事することに幸福を感じていった。いまを生きるテクノロジーに対し、タバコの吸い殻を差し込んだり、潰したりする人がいないのはそのせいだろう。

それを「コト」とし、ひさぐことに「愛」と「運・縁・恩」というアイウエオを感じるのは、かつて頼朝を動かし、ファン・ボイ・チャウを救った、浅羽家らしい心が生きている。

ただ、信宏さんに関しては、それをともに喜んでほしい大きな存在＝母・叔父がいない。

それらを一回りした信宏さんは、浅羽計器を去って、いま新しい会社を作ろうとしている。

その会社は「感じる」テクノロジーを進化させる事業に特化される。

そうすることで――

浅羽計器は「母」となり、新会社は「子」となる。

ホールディングス化によって、「母」は「子」を抱きしめる。

心から愛情を持って。


そんな光景が目に浮かぶ。

会社とて人。

社会とて人。


新会社が大きな産声を上げる時、本当に信宏さんは、あるべき信宏さんとなるのかと思うと、わけもなく、いてもたってもいられなくなる。

学を為すは日に益し、道を為すは日に損す。
之を損し又た損し、以て無為に至る。
無為にして而も為さざる無し。

浅羽計器の「感じる」テクノロジーは、私の体の中でも生き始めている。

結び

ドド《ねんね》

尚子さんとの対話。

「大東市で生まれ、その後鹿児島と大阪市内とを何度か行ったり来たりで、十八歳の時に大阪市内に落ち着きました。高校を卒業した後は、これといった夢もなく。進学にも興味がなかったので、ネイルサロンやブティックなどで仕事をしていました。そんな頃に、友人の紹介で信宏さんと出会ったんです」

――第一印象は？

「それまで出会ったことのないタイプの人でした。何を聞いても知っているし、答えてくれるし。それでいて穏やかで、優しくて、とても包容力のある人だと感じました」

――好印象だったんですね。

「そうですね。その後四年ほどお付き合いをして結婚しました。私の方には結婚願望はなかったのですが、二人の共通の友人同士が結婚をして、その様子があまりにも幸せそうだったので、『僕らも結婚しようか』と信宏さんから。その友達のご夫婦の子どもと、自分たちの子どもが同じ世代で友達付き合いができたらいいなと。そんなことを思っていたみたいです」

――叔父さんの話はよく聞いていたんですか?

「ええ、秀さんの話はしょっちゅう。あまりにも頻繁に話を聞いているので、自分も同じようにお世話になった気になって……。また信宏さんは、秀さんの二人の娘さんを、自分の妹のように可愛がっていたので、私もまた同じように感じているんです」

――お母さん、叔父さんの死が信宏さんに与えている影響を、どう見ておられますか?

「とても大きな出来事だと。端々で感じます。ときどき、とても寂しい顔をしていることが。会社では絶対に見せない顔。会長(信允)が亡くなられてからは特に。『自分がやらないと!』という思いが、重くのしかかっているのではないかと。表では決して弱みを見せないので、家ではね。痛々しいくらいです」

――お子さんたちはどのように信宏さんを見ているのでしょう?

「子どもに弱さは見せません。子どもたちはお父さんのことを大らかで、優しいと感じているでしょう。信宏さんの子育ては『一緒に遊ぼう！』。それも全力で。体力の限界まで遊ぶんです。それにとても負けず嫌いで。若い頃からなんでも勝負。素敵な時もあるのですが、少年ですよね。可愛らしいのですが。それが、やっぱり息子が中高生になってくると、いよいよサッカーをしていて、信宏さんが負けるようになるんです。そのときの悔しがり方は本当に。息子の方が気を遣う感じで。

子どもたちはお父さんのこと、大好きなのだと思います。あの子たちはまたお祖父さんにも可愛がってもらっていたこともあって、『浅羽家』についての話もよく聞かされていたのでしょう。一族のムードというのか、そういったものを好み、また誇りにも思っているようです。

会社創立五十周年のパーティーに長男も次男も参加したのですが、そのときに長男は『この先、七十周年、百周年を迎えられるよう、僕も頑張っていきたい』と言ってくれて。信宏さんは自分に兄弟がいなかったことを、根本のところで寂しく感じていたのですが、長男のこの言葉で救われ、感動し、心強くも思ったように思います。

また長男・次男はとても仲が良いので、そのときも次男は『兄についてゆく』と言っていて」

――娘さんについてはどうでしょう？

「娘とはサッカーなどで遊ぶことができないので、どう扱って良いのか困っているみたいです。息子たちに言わせると、『お父さん、ものすごく優しくなった』と。たしかに、まったく娘には怒らない。それに、例えばお風呂から出た後なども、それまではけっこう裸でうろうろしていたのですが、娘がいると気を遣う。ちょっとライフスタイルも変化してきてますね」

――奥さんから見ても、信宏さんは娘さんには特別？

「過剰に優しい。そんなことしてたらワガママになると、心配になるくらい。そんな気遣い、私にしたことないでしょうと（笑）。なので、信宏さんに言いにくいことは、娘に言ってもらうことにしていますよ。娘に言われると、NOはないので」

――なんでも勝負。負けず嫌いで、全力疾走。浅羽家の伝統でしょうか？

「いいえ。信宏さん、浅羽家の誰にも似ていないんです。結婚当初、彼は飛び出したらほとんど家にいないので、お義父さんと一番長く一緒に過ごさせていただきました。そのとき感じたのですが、まったく似ていないなと。むしろ真逆、お義父さんはとても慎重な方でしたし。

『この人に、信宏さんは好きなことをさせてもらったと、感謝しているのか』と、信宏さんの心の光景を覗き見たような気がしました。お義父さんから一つだけ、信宏さんのことについてアドバイスをいただいたのですが、それも『信宏は縛らないのが良い』でした。その通りやなと。この共感……守る人間同士の共感なのやなと。そんな気がしました」

――守る人間……尚子さんにとって「信宏さんの妻の役割」とは?

「私はできた嫁ではないので。仕事もできません。ただ信宏さんの顔を見たら、心の状態はわかります。苦しんでいたり、しんどいと思っている時は特に。そんなときは、そっとして、あまり何も言わないようにしています。逆に彼が『自分は正しい』と思って断言したのに、社員の皆さんは疑問を感じているという時。社員さんは反論できませんよね。そんなときは誰も見ていないところで一言二言。

少年のような人で、それが魅力でもある人です。そんな信宏さんが心地よくいられるような家。メンタルのカバーができればと」

――いま気がかりな点は？

「健康ですね。浅羽の家系はどうも高血圧？　脳の血管の病で倒れられるケースが多いみたいで。秀さんもそうですし、お義父さんも。信宏さんは偏食で、外食も多いし、水のようにビールも。でも、健康診断に行くとまったくの正常で、医者からは『アスリートの胃』と言われるほど。だからといって過信してほしくないと」

――信宏さんの魅力とは？

「人に好かれるところでしょうか。出会った時もお話の面白い人でしたし、人を飽きさせない。それはいまも、まったく変わりません」

古風なニュータイプに捧ぐ――

「君ともこうして解り合えたんだから。人はいつか時間さえ支配することができる」

『機動戦士ガンダム』より

参考文献

浅羽町史編さん委員会『浅羽町史　通史編』浅羽町、二〇〇〇年。

浅羽町史編さん委員会『図説　浅羽町史』浅羽町、二〇〇一年。

浅羽芳久『紅の浅羽野に生きる――浅羽家のルーツにロマンを求めて』文芸社、二〇〇五年。

網野善彦／石井進／稲垣泰彦／永原慶二編『講座　日本荘園史5――東北・関東・東海地方の荘園』吉川弘文館、一九九〇年。

王福振編／漆嶋稔訳『心が鎮まる老子の教え』日本能率協会マネジメントセンター、二〇一三年。

大阪砲兵工廠慰霊祭世話人会編『大阪砲兵工廠の八月十四日――歴史と大空襲』東方出版、一九八三年。

尾崎和彦『ディープ・エコロジーの原郷――ノルウェーの環境思想』東海大学出版会、二〇〇六年。

オルテガ・イ・ガセット著、神吉敬三訳『大衆の反逆』ちくま学芸文庫、一九九五年。

工藤敬一『荘園の人々』教育社、一九八六年。

五味文彦／本郷和人編『現代語訳　吾妻鏡1――頼朝の挙兵』吉川弘文館、二〇〇七年。

五味文彦／本郷和人編『現代語訳　吾妻鏡5――征夷大将軍』吉川弘文館、二〇〇九年。

田中孜『日越ドンズーの華　ヴェトナム独立秘史――潘佩珠の東遊（＝日本に学べ）運動と浅羽佐喜太郎』明成社、二〇一〇年。

ダニエル・L・エヴェレット著、屋代通子訳『ピダハン――「言語本能」を超える文化と世界観』みすず書房、二〇一二年。

新見貫次『淡路史』のじぎく文庫、一九七〇年。

原田和『浅羽風土記』浅羽町教育委員会、一九六八年。

藤三郎『なにわのみやび野田のふじ』東方出版、二〇〇六年。

フリッチョフ・カプラ著、吉福伸逸／田中三彦／上野圭一／菅靖彦訳『新ターニング・ポイント――ポストバブルの指針』工作舎、一九九五年。

山田廣成『量子力学が明らかにする存在、意志、生命の意味』光子研出版、二〇一一年。

芳賀日出男『神さまたちの季節』角川ソフィア文庫、二〇二〇年。

年表

一九一二（大正元）年	浅羽義三、静岡県浅羽町に生まれる。
一九四〇（昭和15）年	義三、大阪で商売を始める。
	＊この頃、天保山にて、淡路島から行商に来ていた幸子と出会う。
一九四四（昭和19）年	義三、幸子と結婚。義三の長男・信允生まれる。
一九五五（昭和30）年	矢崎貞美と出会う。
一九六二（昭和37）年	浅羽計器商会、個人商店として開業。
一九六七（昭和42）年	有限会社浅羽計器商会創業。
一九六九（昭和44）年	信允、宏美と結婚。
一九七〇（昭和45）年	信允の長男・信宏生まれる。
一九八六（昭和61）年	宏美死去。
一九九三（平成5）年	信允、二代目代表取締役就任。
一九九六（平成8）年	義三の三男・秀典死去。
一九九七（平成9）年	義三死去。
一九九八（平成10）年	信宏、尚子と結婚。
二〇〇二（平成14）年	株式会社浅羽計器となる。信宏は常務に。
二〇一二（平成24）年	信宏、三代目代表取締役就任。
二〇一四（平成26）年	幸子死去。
二〇一八（平成30）年	信允死去。

著者略歴

中野 順哉　JUN-YA NAKANO

作家。小説を阿部牧郎、浄瑠璃台本を七世鶴澤寛治の各氏に師事。2000 年、琵琶湖水質浄化の紙を演奏会のチラシ・プログラムに使用することで年間 5000 トン以上の湖水を浄化する企画を立ち上げる。2002 年より各地の歴史をテーマにした講談を創作し音楽とコラボさせた「音楽絵巻」を上方講談師・旭堂南左衛門とともにプロデュース。上演した作品は 150 作以上にのぼる。2014 年、独自の大阪文化論「私の見た大阪文化」を作成。英語翻訳を併記した冊子にし、各国総領事館に配布。その論をベースに 2015 年関西学院大学において社会連携プロジェクトの講義を行う。参加学生の意見をもとに「Just Osaka」と題した動画を制作し YouTube にて配信する。2015 年より雑誌『新潮 45』において「歴史再考」を執筆。2018 年より株式会社ティーエーエヌジーとともにアニメ声優の朗読劇「フォアレーゼン」をプロデュース。2021 年、文楽三味線の鶴澤清志郎とともに令和の浄瑠璃の創造を目指すユニット「三善座」を結成。現在は企業の商品・企業活動に人格を与えるブランドパーソナリティ、ブランドストーリーの構築も行う。

主著『うたかた――七代目鶴澤寛治が見た文楽』（関西学院大学出版会）。『あの駅に着いたら…』、『ほうじ茶』（Team GKM & DCL）。『ンポロゴマの倒錯』（関西学院大学出版会）。『小説最上義光　つわもの』（アルトスリー）。『日本再起動』（共著／関西学院大学出版会）。『永遠の「俺の空」』（関西学院大学出版会）。

パラダイムシフトの群像 Case 004

「感じる」テクノロジー
人とともに生きることを誓った　古風なニュータイプとの対話

2023 年 1 月 25 日 初版第一刷発行

著　者　中野順哉

発行者　田村和彦
発行所　関西学院大学出版会
所在地　〒 662-0891
兵庫県西宮市上ケ原一番町 1-155
電　話　0798-53-7002

印　刷　協和印刷株式会社

Printed in Japan by Kwansei Gakuin University Press
ISBN 978-4-86283-351-8